1

Petra Michaela Schneider

Wie heute so jeden Tag

Vorträge und Reden von Bruno Gröning
1949

Bibliografische Information der Deutschen Nationalbibliothek: Die Deutsche
Nationalbibliothek verzeichnet diese Publikation in der Deutschen
Nationalbibliografie; detaillierte bibliografische Daten sind im Internet über
dnb.dnb.de abrufbar.

2020 Petra Michaela Schneider

Herstellung und Verlag: BoD – Books on Demand, Norderstedt

ISBN: 9783752671919

Quellenverzeichnis
Vorträge und Texte mit freundlicher Genehmigung der Bruno
Gröning Stiftung

Coverfoto (Sonnenuntergang am Attersee) von Hanna Keintzel

Pressekonferenz

Bruno Gröning, 29.6.1949, 14.00 Uhr, Hamburg, Hotel „Wandsbeker Hof"

Hinweis

Auf Einladung des Hamburger Großkaufmanns Westphal reiste Bruno Gröning am 25. Juni 1949 nach Hamburg. Am letzten Tag seines Aufenthalts, dem 29. Juni 1949, gab er um 14.00 Uhr im Hotel „Wandsbeker Hof" eine Pressekonferenz, deren stenografisches Protokoll hier wiedergegeben wird.

Herr Hülsmann wies in einem Vorwort darauf hin, dass Bruno Gröning den Pressevertretern nun einmal eine grundlegende Richtung geben würde.

Bruno Gröning: Das Geschehen in der Presse hat ein Durcheinander gegeben. Wenn Sie etwas schreiben, dann die Wahrheit schreiben. Wenn das nicht geschieht, dann ist es nicht meine Schuld, wenn dann etwas anderes geschehen sollte. Es steht Ihnen frei, sich von all dem zu überzeugen, wie Sie diese Dinge sehen. Es geht nicht an, dass einer wie der andere nach seiner Nase schreibt, es könnte so sein oder er hat dieses oder jenes gehört und es wird schon so richtig sein.

Nehmen wir an, ich möchte einen Handwagen haben und ich suche mir die Stücke zusammen, dann ist der Wagen nicht einwandfrei. Dagegen der Handwerker, der das richtige Material und die richtigen Werkzeuge hat, kann den richtigen Wagen fertig bringen.

Ich habe es bisher nicht gewagt, Zeitungen in die Hand zu nehmen und Artikel zu lesen, ich weiß es ja schon vorher. Es gibt einzelne Menschen unter Ihnen, die ich als „Schreiber" bezeichne, weil es vorgekommen ist, dass Journalisten Quatsch verzapft haben. Ich will nicht den einen oder anderen schief über die Schulter ansehen. Ich wünsche heute noch meinem Todfeind das Beste. Ich setze ja mein ganzes Leben dafür ein, Menschen zu helfen. Ich habe schon einem großen Teil geholfen, wozu andere nicht in der Lage sind. Wenn einer sagt, er sei der größte Kommunist, dann reich ich ihm trotzdem die Hand. Er ist ein Mensch. Gerade auf den schmutzigen Artikel hin, der in der „Freien Presse Herford" erschienen ist, fanden Menschen zu Gröning. Wie der Lizenzträger sagte, reagierten die Leser mit 800 Abbestellungen darauf. Der Schreiber wagte es auch, in die Wohnung des Herrn Hülsmann zu kommen, als wäre er derjenige, der mir gut gesonnen war. Es ging aber auch hier wie bei einer Waage. Das Schmutzige drückt immer herunter und das Gute geht nach oben. Ich bleibe dadurch oben. Ich nenne diese Menschen, die so blindlings etwas hinschreiben, nur „Schreiber".

Wir müssen bei der Sache und bei der Wahrheit bleiben. Wir wollen uns keine Blöße geben. Ich selbst tue schon das, wozu ich mich verpflichtet fühle. Ich will niemanden hier beschuldigen. „Bei Kaffee und Kuchen" – das müssen Sie selbst zugeben, dass es nicht schön ist, dass man dieses Große so in Schmutz und Dreck zieht. Die Menschen fragen nicht danach, ob sie Unterkunft haben oder nicht, ob sie lange warten, das Warten lohnt sich. Bei den so geduldig

Wartenden erfüllt sich während meiner Abwesenheit ihre Hoffnung.

In Herford selbst wurde das Kind aus der Taufe gehoben. Durch Herrn Hülsmann. Der Obermedizinalrat lehnte es ab, mit mir zu sprechen. Der Oberstadtdirektor wurde gedrängt, ein Verbot zu erlassen. Kurz darauf habe ich den Herren zu wissen gegeben, dass so ein Verbot rechtswidrig ist. Für meine Tätigkeit besteht ja überhaupt kein Gesetz. Man hat versucht, mich unter die Heilpraktiker zu setzen. Einer Prüfung sollte ich mich unterziehen. Ich lehnte ab. Der Oberstadtdirektor sagte, dass es nur der Form halber sei, man könnte mich ja doch nicht daran hindern, meine Tätigkeit zu unterbinden. Sie werden jetzt alles daransetzten, Sachen hervorzuholen, dass ich mich schuldig gemacht habe.

Wenn Sie irgendwo dienstlich hingehen, dann dienstlich, wenn privat, dann privat. Ob das in Herford die Polizei war, ein Oberstadtdirektor oder ein Stadtdirektor, sie meldeten sich vorher privat an, während der Unterhaltung wurden sie dienstlich. Ist das recht? Ich sage nein. Meinen Wissens nach sind sie ihres Amtes enthoben.

Presse: Ich habe wie jeder Journalist mit Interesse die Sache verfolgt. Jeder der Kollegen, der Gelegenheit hat, wird naiv gläubig daran glauben, wenn er die Heilung sieht. Sie wissen selbst, welche Anziehungskraft Sie auf die Menschen ausüben. Welche Möglichkeit besteht, uns Journalisten dessen zu überzeugen?

Bruno Gröning: Einem Menschen zu helfen, ist für mich selbstverständlich, aber um Beweise zu stellen niemals.

8

Wenn Menschen da sind, die einen anderen vorschieben um sich davon zu überzeugen, das spricht nicht an.

Ich kann nicht jeden Einzelnen von Ihnen empfangen, sonst hätte ich nur mit Pressevertretern zu tun und meine Heilungen fallen ins Wasser. Stellen Sie einen von Ihnen an meine Seite, tagtäglich und nachts, er kann sich von meinem Leben überzeugen, Ihnen genug Material geben, an dem Sie aber nichts entstellen. Und lassen Sie die Stimme des Volkes hören: „Schlechtes und Gutes."

Presse: Dass ich Sie „bei Kaffee und Kuchen" antraf, ist ja die optische Wahrheit. Wenn die Leute so etwas lesen, kommen sie mit viel mehr menschlichem Vertrauen zu Ihnen. Von den 5.000 stehen 4.000 Menschen auf dem Wilhelmsplatz, die etwas Angst vor Ihnen haben, weil Sie einen Nimbus haben. Ich traf einen Herrn, der sagte, dass Herr Gröning solchen Dingen, wie sie in der Presse vor sich gegangen waren, zutreffen, wisse dem zu strafen. So etwas lasse ich mir nicht gefallen.

Bruno Gröning: Wenn ich eine Stunde mal privat bin, gehört sich das nicht, es herunterzureißen. Einmal hier rudern und eine Segelpartie in Schleswig, ist das Erste, was ich mir erlaubt habe. Und trotzdem haben sich Menschen darüber geärgert.

Presse: Ich habe gestern drei Stunden in der Waldstraße gestanden, um die Menschen zu beobachten. Die einen der Zeitungen bringen diese Dinge unter Kommentar, die anderen als Glossar. Ich aber wollte mir eine objektive Meinung holen. Da sagte man mir an der Tür, Sie schliefen, ein anderer nach einer Weile, Sie ruhten, aber ich würde rechtzeitig Bescheid erhalten. Derweil ich wartete und wartete, hat man aber nichts mehr von sich hören lassen.

Bruno Gröning: Ich trudelte morgens ein, wollte meine Beine strecken. Herr Hülsmann wachte darüber, dass ich meine Ruhe hatte. Nach dem Aufstehen wurde ich gebeten, sofort hinunterzugehen, da man die Menschenmenge nicht mehr zu bändigen wüsste. Ich hatte noch nicht einmal mehr Zeit, mir den Bart abzunehmen, etwas zu essen. Jede Minute muss ausgenutzt werden, Menschen zu helfen.

Sie dürfen auch nicht sagen, Sie wollen etwas beantwortet wissen. Ich bin nicht dazu da, Ihre Neugier zu stillen. Ob ich das Volk in Spannung setzen muss, damit es an mich glaubt oder an den Herrgott, ist gleich.

Presse: Wenn da ein Herr ist, den ein Arbeiter fragt, wie er an Sie herankommen soll und dem geantwortet wird, „schreiben Sie einen Zettel" und der weiterhin lässig gefragt wird „was fehlt Ihnen denn?", ist das in Ihrem Sinn?

Sie wollten doch nach Hamburg gekommen sein, sich hier den Ärzten und Wissenschaftlern zu stellen. Sie brauchen doch nur einen Rheumatismus zu heilen, einen Arzt dabei heranziehen und sich von ihm bestätigen lassen, dass Sie geheilt haben.

Bruno Gröning: Ich habe das in Herford getan. Aber das ist ein Druck. Nach all dem, was ich geleistet habe, brauche ich das nicht mehr. Ich tue alles aus freien Stücken. Ich will nur Menschen heilen, Menschen helfen. Ich denke nicht daran, mich einem Mediziner zu unterwerfen, der kommt und sagt: „Beweis". Ich sollte mich ja auch in Herford einer ärztlichen

Prüfung unterziehen. Ich habe das abgelehnt. Die höheren Dienststellen sagen ja doch: „Und wenn er tausend Heilungen vollzieht, die Genehmigung erhält er nicht."

Bevor ich Herford verließ, sagte der Oberstadtdirektor: „Nicht 500 Beweise, nur fünf brauchen Sie zu erbringen." Ich bringe ja die menschlichen Beweise. Noch bevor ich bekannt wurde, habe ich geheilt. Wenn man plötzlich da und dort sagte: „Es ist ein Wunder geschehen", dann habe ich geschwiegen und ruhig weitergearbeitet, ich wollte keine Propaganda machen. Man sagte in Herford: „Nervenleiden können Sie ja heilen, aber keine organischen." Zufällig kam zu dieser Besprechung ein Herr, der ein schwer organisches Leiden hatte. Er sollte operiert werden, lag auch schon auf dem Tisch, als die Ärzte feststellen mussten, dass eine Operation nicht mehr nötig war. Die drei Professoren wollten diesen Fall trotzdem nicht anerkennen. Sie legten nur Wert auf den Fall von Hülsmanns Sohn.

Ich habe Beweise gehabt, aber man hat versucht, mich totzuschweigen, mich zu unterdrücken. Das ist nicht geschehen. Ich habe gesagt, wenn es nicht Deutschland ist, dann ein anderes Land. Das Ausland wartet, aber ich habe den Deutschen versprochen, erst ihnen zu helfen.

Jeden Tag sind Ärzte bei mir gewesen, aber keiner hat auch nur den Namen derer notiert, die wieder sehen konnten und so weiter und so fort. Was brauche ich noch Beweise zu erbringen? Ich brauche kein Geld. Und ich halte es für richtig, dass kein Mensch in der Lage ist, sich die Gesundheit zu erkaufen.

Presse: Nun, auf Ihren Vorschlag zurückzukommen: In der Presse ist es nicht so üblich, dass einer autorisiert wird, um alle Heilungen zu unterrichten.

Bruno Gröning: Dann wird meine Begleitung Sie davon unterrichten, wo ich mich befinde.

Presse: Werden Sie in Hamburg einen bestimmten Platz haben, wo Sie immer wieder einkehren? Werden Sie hin- und herpendeln?

Bruno Gröning: In Zukunft wird alles geordneter zugehen. So geht es nicht wie im Augenblick.

Oberregierungsrat Müller: Verhandlungen wegen Niederlassung und Räumlichkeiten sind im Gange, die morgen zum Abschluss kommen.

Presse: Setzen Sie sich in jeden hinein oder handeln sie intuitiv?

Bruno Gröning: Ich zerbreche mir nicht den Kopf dabei. Darüber denke ich gar nicht nach. Ich tue nichts dazu. Ich bin dann so eingeschaltet, wenn der eine oder andere in seinem Glauben kommt.

Presse: Haben Sie eine Erklärung dafür? Üben Sie die Heilung bewusst aus? Sind Sie sehr religiös?

Bruno Gröning: Ja. Ich glaube an Gott. Ich lebe mit Gott.

Presse: Glauben Sie auch an das Wunder?

Bruno Gröning: Ich wundere mich über nichts mehr. Für mich ist das eine Selbstverständlichkeit. Ich sag es nur, dann geschieht es. Ich berühre den Menschen nach Möglichkeit gar nicht. Ich lasse die Leute in einem anderen Raum sitzen. Heute Nacht habe ich Fernheilungen durchgeführt nach dem Ausland, nach Kanada. Mein Bestreben geht dahin, Menschen zu helfen, aber dafür kann ich nicht. Fragen sie Herrn Hülsmann, um den Menschen das Wissen zu geben, wer ich bin.

Ich weiß, dass ich gestern vielen Menschen mit organischen Leiden geholfen habe. Ein Blinder rief heute Morgen an. Er habe große Schmerzen. Ich nahm den Hörer: „Sehen Sie gar nichts?" – „Nein" – „Schließen Sie die Augen!" – „Und jetzt auf!". Kurz darauf sagte er: „Ich sehe schon Schatten!" – „Was machen Ihre Schmerzen?" – „Die habe ich gar nicht mehr, in meinem Körper ist ein Kribbeln, verschwindet jetzt."

Ich will den Ärzten nicht das Butterbrot nehmen. Ich möchte den Menschen helfen, denen die Ärzte nicht mehr helfen können. Und wo die Ärzte ratlos stehen, die Krankheit nicht definieren können, dann bin ich da.

Presse: Können Sie auch Krankheit geben?

Bruno Gröning: Ja, das kann ich. Aber das tue ich nicht. Und ich bin stolz darauf, so eingestellt zu sein.

Quelle:

Archiv Bruno Gröning Stiftung

Besprechung im Hause Hülsmann

Bruno Gröning, Herford, 11.7.1949

Hinweis

Dies ist die Abschrift der stenografisch festgehaltenen Protokolle einer Besprechung am 11. Juli 1949 im Hause der Familie Hülsmann, Wilhelmsplatz 7, in Herford. Es liegen zwei sich einander ergänzende Protokolle vor, die aus Gründen der besseren Lesbarkeit zu einem einzigen Dokument zusammengefasst wurden.

Hauptthema:

Zusammenarbeit zwischen

„Ring der Freunde Bruno Grönings – Weltgemeinschaft 1"

und

„Arbeitsgemeinschaft / Studiengesellschaft „Pharma-dyn e. V."

Anwesende:

Bruno Gröning;

Prof. Dr. Berndt (Biologe, Vorsitzender des „Pharmadyn e. V.", Halle);

Dr. med. Busse (Halle, Zahnarzt, „Pharmadyn e. V.");

Dr. Berens;

Dr. Lammers (Ennigloh-*Kattenvenne);*

Fr. Dr. Stanat-Detmold (homöopathische Ärztin);

Erich Sicker (Verleger aus Berlin); Lanzenrath 2;

Egon Arthur Schmidt (Gründer des „Ring der Freunde Bruno Grönings");

Kuhlmann; ein Arzt mit Schwägerin;

Heidbrink (ehem. Redakteur der „Freie Presse", Herford)

Helmuth Hülsmann und Ehefrau.

Als Stenotypistin entweder Frl. Wolfrum oder Frau Stickdorn

Bruno Gröning: Die Ärzte und Professoren, mit denen ich telefonisch gesprochen habe und die mir ihre Familienangehörigen zugesprochen haben (in Kiel), gaben mir eines mit auf den Weg: „Hart bleiben!" Aber ich bin schon mehr als hart. Aus der Ruhe kann mich niemand bringen.

Bitte, meine Herren, kommen Sie. Aber führen Sie nicht den Gedanken, mich zu prüfen. Sie können alles sehen, was Sie wollen, aber nicht prüfen.

Fall Volllähmung: Mensch kann sich nicht rühren. Mund bekommt sie nur ein klein wenig auf, konnte nur mit einem Mokkalöffel gefüttert werden. Geht alles nach und nach. „Nein, es geht nicht". – „Doch, es geht!" – Immer weiter und weiter, dann konnte sie mit dem Esslöffel gefüttert werden.

Warm war nur der Kopf, sonst ganz kalt und tot. Leichnam. Gröning sagt: „Umgekehrt ist auch was wert." Wandlung des Blutes, Kreislauf beginnt. Bitte, berühren Sie den Körper. Kalt, und schon wird er warm.

Dann ging die Bewegung los. „Damit bin ich nicht zufrieden, ein Mensch bewegt sich ganz." Bewegte die Finger, die Hand, den Arm. Die Freude war groß. Schwach war das Menschenkind, Haut

15

und Knochen. Konnte allmählich beide Arme heben. Dann Kopf schaukeln, hin und her. „Und jetzt bewegen Sie Ihren Körper!" Brust bewegte sich, das Kreuz wurde weich, sie konnte sich schaukeln. Dann Beine: Zehen bewegt, alles warm. Fuß bewegt. Nun kann man sich ja denken, wenn jetzt alle Glieder bisher tot waren, dann geht Leben an. Gibt Schmerz. „Macht nichts, das hält man aus, aber es geht."

Zweiter Fall: Eine korpulente Frau, total gelähmt, bis auf rechten Arm, den sie bewegen konnte, linker Arm kalt, rechter Arm warm. „Kopf bewegen, Mund schön weit aufmachen und rechten Arm bewegen." Ließ ich den Körper befühlen, eiskalt, fest, alles wie tot, Unterleib genauso, nichts rührte sich, wie abgestorben, alles eiskalt. „So, achten Sie, wie schnell das geht, wie das neue Leben wieder einkehrt."

Keine Minute, war der Oberkörper warm, nach und nach zieht es in den Beinen hinunter, bis in die Zehen. Sagen konnte keiner mehr was, es wurde zwar Kaffee eingegossen, aber niemand trank. Heilung bleibt, ist schon klar, der Mensch hilft sich selbst.

Nun gibt es aber Menschen, die Verlangen haben, den kleinen Gröning des öfteren zu sehen, und deswegen, weil sie warten, gibt es manchmal Störungen. Die Menschen glauben, „wenn er wiederkommt, zwei- bis dreimal, dann kann ich gehen!" Und hier bin ich immer gehindert worden, indem ich immer wieder eins vor Augen sehe. Verbot, Verbot und nochmals Verbot! Hier geht es nicht um das eigene Leben, sondern um die kranken Menschen, den kranken Menschen zu helfen. Und davon gehe ich nicht ab, komme, was da wolle! Ich kann nicht vorübergehen, wenn ich Menschen sehe, die so krank daliegen und keine Hilfe haben können. Ich lege keinen Wert darauf, dass Menschen auf Ärzte schimpfen, im Gegenteil. Aber vernünftig müssen sie auch schon sein. Ein großer Teil hat den Weg zu mir gefunden und ich lehne keinen ab, um diese Menschen auf den Weg zu bringen, den sie bereit sind, zu gehen.

Wie viel Not und Elend ist in den Wohnungen verborgen. Die Krankenhäuser sind überfüllt, aber die Wohnungen! In fast jeder Wohnung liegt ein kranker Mensch. Aber in jeder Wohnung ist ein kranker Mensch, der sich noch bewegen kann. Die Menschen wissen jetzt schon so viel und sie gehen auch davon nicht ab.

Ich habe hier und dort Plätze angesprochen, und da geschieht es. Kein Mensch kann es absprechen, da geschieht alles automatisch. So habe ich überall Stellen eingerichtet, auch in Privatwohnungen. Sie sollen Platz nehmen. Sie werden ja sehen, was passiert.

90 Prozent aller Menschen werden gesund und 10 Prozent ist der Abfall, sind die Gezeichneten. Kennen Sie einen Arzt, der 90 Prozent seiner Kranken gesund macht? Mir haben Ärzte gesagt: „Herr Gröning, wenn Sie nur 1 Prozent gesund machen, dann ist etwas Großes geschehen."

Es geht nicht nur um das kleine Deutschland, es geht um die ganze Welt. Denn ich spreche ja: „Wo ich geh und wo ich steh, da soll es geschehen."

Ich arbeite nie ohne Zeugen. Fremde Zeugen interessieren mich nicht. Ich muss auf meiner Seite Leute haben, die ich dauernd bei der Hand habe.

In Hamburg kam ein Professor zu mir: „Herr Gröning, Sie brauchen nicht mehr viel zu sagen, ich bin überzeugt. So was haben wir in unserem ganzen Leben noch nicht fertigbekommen, was ich hier in Hamburg gesehen habe."

17

Warum schreibt er das nicht in die Presse? Da hat er einen kleinen Patienten, hat gefragt, ob ich ihn annehmen könne. Wie Dieter, hatte schon mehrere Fälle, von denen ich nicht gesprochen habe.

Kind wird vorgeführt. Mit Vater, einem von der medizinischen Presse, alles wird aufgenommen, alle sprachlos. Vater fand keine Worte. Es geschah so, wie ich gesagt habe.

Professor sagt: „Wir können uns verkriechen. Den können wir alle nicht ersetzen. Er braucht ja nur den einen Fall zu machen, dann hat er schon mehr geleistet als alle zusammen." Sie werden dann einsehen, das sickert ja durch.

In Hamburg keine Erlaubnis. Oberbürgermeister ist dagegen, reine Parteipolitik.

Dr. Lammers: Bindegewebe zu beleben, das nicht aktionsfähig ist, wäre Schöpfung. Man müsste sich klar werden über die Grenzen. Wo hört es auf! Z. B. Fälle, wo ein ganzes System tot ist, können von Ärzten bewusst herangezogen werden, um G. hereinzulegen.

Man kann nicht verlangen, dass ein Ochse Milch geben soll oder, dass ein amputierter Arm wieder wachsen soll. Das ist nicht vorgesehen in der Natur.

Dr. Busse: Erläutert in längeren Ausführungen, dass nach seinen Erfahrungen und Forschungen die Darmflora der Herd fast sämtlicher Infektionserkrankungen sei. Er berichtet weiter über das Vorhandensein von Schwingungen oder Ausstrahlungen besonderer Art im menschlichen Körper. Eine glühende Eisenstange in einen frischen Kothaufen gesteckt, errege bei dem Menschen, der diesen Kot von sich gegeben habe, erhebliche Bauchschmerzen. Wenn ein frisch gezogener Zahn in einen mit einem schmerzstillenden Mittel getränkten *Wattebausch gelegt* *werde, so legen sich die Schmerzen der Kieferwunde, auch wenn der Patient kilometerweit entfernt sei.*

Bruno Gröning: Ich habe einen Fall gehabt. Kommt eine junge Frau, die ich in Fernheilung schon hergestellt hatte. Hat sich aber einmal einen Zahn ziehen lassen und bekam eine Vereiterung. Diese war so stark. Die Dame saß in der Küche. Ich sage: „Sie haben das und das." Sie sagt: „Ich wusste nicht mehr wohin mit Schmerzen, und wenn Sie erst in einer Woche gekommen wären, ich wäre hier sitzen geblieben."

Ärzte hatten ihr mitgeteilt, sie sollte erst am Montag kommen. Bis Montag hätte sie nicht mehr gelebt.

Sie wurde ganz weiß und heiß. „Bleiben Sie sitzen, Sie haben Zeit."

Ich spreche es an. „So, haben Sie Taschentücher? Achten Sie darauf!" Ich gehe fort, komme gleich wieder. Dieser entzündete Eiter (alles voll im Gesicht) ist dünnflüssig gemacht. „Achten Sie auf Ihre Nase und auf Ihren Mund, da kommt der Eiter heraus."

Der Eiter lief 2-3 Stunden lang, vier Taschentücher voll. Sie hatte warten müssen, wie das aus der Nase und aus dem Mund kam. „Spucken Sie tüchtig aus, dass das nicht in den Magen kommt." Wäre dies nicht geschehen, wäre sie an Vergiftung gestorben. Aber es war ihr gesagt worden: „Am Montag kann ich erst aufmeißeln, jetzt braucht es nicht zu sein."

Ein Pferd in Flensburg. Der rechte Lungenflügel war verhärtet. Ich spreche an. „Bitte befühlen Sie!" Stand mit hängendem Kopf, kein Lebenszeichen, hart, hatte Schmerzen, ließ sich nicht anfassen. 41,7 Grad Fieber. „Das geht schnell." Ich wandle das Blut und lasse es durch den Körper jagen, wie der Blitz. Pferd bäumt sich auf.

Angesprochen, fertig, ging. Im Nu war das Fieber fort. Dann konnte man es anfassen. Lungenflügel kalt, noch etwas stockig. Morgens, 11.00 Uhr, in Ordnung. 38,2 Grad am frühen Morgen. Futterte wieder. Sonst wäre es gestorben. Ebenso mit Kühen, Hunden und anderem Viehzeug, Tiere sind viel leichter zu behandeln als Menschen, weil sie keinen Verstand haben, der hin und her denkt, lassen alles über sich ergehen.

Kuh, schwarz gefleckt mit zwei weißen Streifen (durch Sonnenbrand), es bildete sich eine steinharte Haut (Schorf, liegt oft wie ein Blätterteig auf). „Bitte, fassen Sie an: Kalt." Durchbluten lassen, geht schnell, keine Minute. Ein Augenblick, dann konnte diese harte Stelle eingedrückt werden wie das andere Fell, war schon Leben drin.

Gelähmtes Pferd, schönes Tier, geheilt. Bewiesen, dass Suggestion ausgeschlossen. Habe dies schon als Kind gemacht.

Dr. Lammers: Die Medizinalwissenschaft will für alles eine Erklärung haben. Hier handelt es sich um eine Kraftübertragung, eine Wirklichkeit, die wirklich vorhanden ist. So wie die Radiowelle durch den Raum geht, gehen hier die Wellen durch den Raum, die ich als Lebenskraft auffasse. Allgemeine Strahlen und spezifische Strahlen, die von Organ zu Organ gehen.

Bruno Gröning: Ich brauche nicht so viel. Ich bekomme die Eingebung, das und das ist es. Ich habe die Gelegenheit gehabt, mit Ärzten und Professoren über diese Dinge näher zu sprechen. D. h. der eine will es verstehen, der andere nicht, und der eine kann es verstehen und der andere kann es nicht verstehen.

Die Wissenschaft sucht Dinge zwischen Himmel und Erde. Sie haben die Gabe, und Sie können erklären wie Sie wollen, das wird einem Menschen nicht einleuchten, noch wird er ein Verständnis dafür aufbringen, obwohl er schon länger den Dingen auf den Grund geht, weil für diese Kräfte keine richtige Erklärung zu geben ist, das geht zu schnell.

Arzt kommt von Frankfurt mit zehnjährigem Kind. Kind hatte kalte Beinchen. Es wird behauptet, das Kind wäre beschränkt. Dass es nicht beschränkt war, habe ich bewiesen, indem Frau Hülsmann sich klar mit ihm unterhalten hat.

Noch ein anderer Arzt dabei. Sagt: „Dass Sie viel können, ist mir bekannt. Ich gehe auch von Ihnen nicht ab. Aber die Medizin steht auf dem Standpunkt: „Wir haben erforscht, dass es so und so viele Jahre braucht." Sekunden – da können sie gar nicht mehr mit, so schnell läuft das Blut.

Dem Kind Schuhe und Strümpfe ausgezogen, Füße waren noch kalt: „Bitte: Kind mit warmen Füßen." Gesprochen – geschah! Vater war so erstaunt: „Wozu habe ich studiert!" Anderer Arzt sagte: „Ich bin fertig. Ich war nicht in der Lage, eine genaue Diagnose zu stellen." Gröning hat Diagnose gestellt: Arzt: „Ich bin platt."

Kind wird rückfällig. Jawohl, wie jeder andere Mensch rückfällig wird, in der Nacht, wenn er schläft.

E. A. Schmidt: Fall 83-jährige Frau und geistig beschränktes Kind: Frau an zwei Stöcken, konnte Füße nur 3 Zentimeter vorwärts setzen, Körper gebeugt. Warteten von 6.00 bis 24.00 Uhr, niemand schlief. Frau war munter und voll Vertrauen und Glauben.

21

Die Frau läuft heute fast gerade, so wie ein Mensch mit 83 Jahren eben läuft, nur ein klein wenig gebeugt, ohne Stöcke, aber wie ein Wiesel, jätet Unkraut, hilft bei allen Landarbeiten mit, während das Kind nach drei Tagen wieder zurückfiel. Das Kind, dessen Vater als Arbeiter auf demselben Hof mit wohnte und arbeitete, zeigte drei Tage lang eine geistige Frische, die den Lehrer erstaunt hat. Es ist zwölf Jahre alt und stand auf der geistigen Stufe eines Sechsjährigen. Plötzlich konnte es z. B. zum Erstaunen aller das große Einmaleins fließend.

Bruno Gröning: Was versäumt ist, wird nachgeholt! Wenn Sie heute mit einem Menschen kommen, ist 13 oder 14 Jahre alt, hat nicht die Schule besucht. Mit einmal wird das Köpfchen klar, holt die Jahre in einer ganz kurzen Zeit nach. Ich sage: „Liebe Frau, wundern Sie sich bitte nicht, wenn das Kind schlauer wird als Sie."

Noch ein Fall: Komme von einer Kranken zurück, komme von hinten gefahren. Steht alles voll. Kommt eine Frau mit blindem Jungen: „Helfen Sie, helfen Sie!" Ich sage: „Ja, Geduld! Ich bin ja noch nicht mal hier." Sie: „Der Junge ist gelähmt!" Ich: „Das Kind war gelähmt." „Hat auch keinen Verstand.!" „Hatte keinen Verstand. Wenn Ihr Kind schlauer wird wie Sie, wundern Sie sich nicht."

Ich ging weiter. Die Umstehenden rissen der Frau das Kind aus dem Arm. Sie setzte das Kind auf den Boden und das Kind lief.

Ich war gerade hier im Haus. Da kam das Kind mir nachgelaufen. Die Eltern weinten und ich sagte: „Wollen Sie den Leuten erklären, was hier los ist!" Ging auf den Balkon und erklärte es. (Vater war Polizist aus Lübeck.)

Ich stand auf dem Balkon. Menschen machen ein ängstliches Gesicht. Ich spreche hinunter vom Balkon: „Ich darf hier nicht heilen. Aber der Wunsch, mit dem Sie hierher gekommen sind, geht in Erfüllung."

Kranker, Mittwoch hier gewesen, Donnerstag zu Hause, bekommt Hunger. Viersen, Röntgenaufnahme, alles verschwunden.

Kind, schwer herzkrampfig. Angeschaut: „So geht's nicht weiter! So, Herz geht wieder normal, ja." Alles durchbluten lassen!

24-jähriges Mädel saß noch im Zimmer. Ich ging rein und stellte mich davor. Lag ganz tot da, wachte gleich auf. „So, und jetzt stehen Sie auf!" „Ich kann ja nicht stehen, ich habe es ja noch nie gekonnt!" „Stehen Sie nur auf, es geht schon, Sie können!" „Ja, ja, ich kann, ich kann stehen!" Hebt sich hoch und steht auf. „So, nun kommen Sie mal her. Gehen Sie, Sie können gehen!" Ging vor und zurück. Fiel mir um den Hals: „Heute, nach 24 Jahren, kann ich gehen!"

Erst ein bisschen ruhen lassen! Mädel ist hier herausgegangen. Geht heute noch.

Es liegt hier immer an den Menschen. Wie ich gesagt habe, wer es wert ist, geholfen zu werden. Es geht hier nicht um Geld, es geht um den Glauben!

Ausstrahlungen der skeptischen Umgebung können Rückfälle verursachen. Mensch kann seinen Willen dagegen setzen.

Wenn ich nur von Kunst höre! Fort mit der Kultur, vorwärts in die Natur! Kultur bringt nur Krankheiten.

Prof. Berndt: Wir haben die Absicht, im Volk eine Evolution herbeizuführen. Nicht Bekämpfung der Teilsymptome, sondern die

Forderung, Bekämpfung des Grundübels der Erkrankung. Warum? Wir haben heute eine Entartung von Boden, Pflanze und Tier und über die Lebensmittel eine Entartung des Menschen. Fortschreitende Unfruchtbarkeit bei Pflanzen, Tier und Mensch. Durch diese Methodik der dauernden Verabfolgung von Giften zur Niederdrückung des Schmerzes und zur Erhaltung einer, gelinde ausgedrückt, sehr geschäftstüchtigen, materiell eingestellten chemisch-pharmazeutischen Industrie ist das Bewusstsein im Menschen restlos verloren gegangen, dass die Natur das Erste und das Letzte ist, die dem Menschen das Höchste zu bringen hat, um seine Gesundheit zu erhalten bzw. wieder zubekommen .

Die vorgenannten Kulturkrankheiten sind nichts weiter als eine Folgeerscheinung unseres entarteten Lebens. Eine fortschreitende Umwandlung der normale Blutzusammensetzung und Zusammensetzung der Körpersäfte begünstigt die Verbreitung der Krankheiten. Fortschreitende Tuberkulose, jeder Zweite herzkrank, jeder Siebte Krebs. Der Körper hat nicht mehr den Willen, Abwehrferment zu bilden, weil er daran gehindert wird, durch die Art der Kur. Mit Reklame und anderen geschäftstüchtigen Methoden wird der Mensch auf eine Fahrbahn geleitet, die letzten Endes den biologischen Tod des deutschen Volkes herbeiführt, natürlich fortschreitend.

Mensch wird heute durch die hochgezüchtete medizinische Wissenschaft älter gemacht, d. h., die Sterblichkeit verschiebt sich in höhere Altersstufen, aber Gesundheitszustand ist wesentlich schlechter als früher. Viele Krankheiten werden gar nicht als solche erkannt, weil man nicht ihrer Entstehung nachgeht, sondern immer nur den Schmerz, das Zweite, als Symptom bekämpft.

Wir beabsichtigen, diese Gedanken nicht über staatliche Einrichtungen oder in hochgelehrter Form an den Menschen heranzubringen, sondern von Mensch zu Mensch, bei den Hausfrauen angefangen, vor Augen zu führen. Wir wollen sie vor allen Dingen darauf hinweisen, womit sie ihren Kindern und ihrer Familie Gifte zuführen. Industrie-Sulfate (in der Öffentlichkeit bereits als Krebserreger gebrandmarkt), durch Medikamente, Konservierungsmittel für Gemüse und Obst, durch Schädlingsbekämpfungsmittel. Mit Giften werden die Bäume bespritzt, Obst wird roh gegessen. Ein Tropfen nach dem andern. Steter Tropfen höhlt den Stein, bis der Organismus nicht mehr in der Lage ist, die Gifte auszuscheiden, nicht mehr genügend Abwehrkräfte entwickelt gegen Infektionskrankheiten. Das Blut verwandelt sich usw. usw. Es werden Gifte in den Haushalt eingeführt in Form von Bodenbehandlungsmitteln.

Bruno Gröning: Das Blut ist zu 99 Prozent aller Menschen verseucht. Zuerst verwandle ich das Blut! Ist direkt verstockt im Körper. Hat keinen richtigen Lauf mehr, liegt fest. Blut ist vergiftet!

Prof. Berndt: Durch falsche Ernährung werden die menschlichen Organe mit Gift angefüllt, dagegen muss gekämpft werden. Zu diesem Zweck ist die Studiengesellschaft gegründet worden, die der Industrie auf die Finger sehen soll, die sich nicht bereit erklärt, der Hausfrau giftfreie Nudeln, Obstkonserven, Gemüsekonserven usw. zu verkaufen. Es soll so weit gehen, dass die Hausfrau nach diesen giftfreien und gesundheitlich unbedingt erforderlichen Nahrungsmitteln verlangt. Denn es summiert sich. Jeder Schluck gefärbte Substanz vermehrt sich zur Summe des Giftes in der Erbmasse, bis Nr. 232 erreicht ist, dann tritt Krebs in Erscheinung. Kann erst in der dritten und vierten Generation passieren. Aber um schon den Todeskeim mitzugeben, setzt kein Elternpaar das Kind in die Welt.

Die Kämpfe, die Sie (Gröning) haben, die Linien, die Sie verfolgen, liegen in gewisser Beziehung parallel zu unseren Bestrebungen. Ich habe deshalb den Vorschlag gemacht, Vorträge zu halten von Stadt zu Stadt über das Thema „Krankheit und Heilung", und wir überlegen, ob sich nicht evtl. eine Zusammenarbeit ergeben könnte.

Einmal würden wir alle diese, die die Vorträge angehört haben, erfassen als eine kleine Gruppe von Menschen, bis sich die Ideen in der ganzen Trizone ausbreiten (solange wir nicht in die Ostzone können), von unten herauf und aus dem eigenen Willen heraus müssen diese Ideen in den Familien Platz greifen.

Wenn nun zum Thema „Heilung" eine Zusammenarbeit mit Ihnen erfolgen könnte, so wäre das wohl im beiderseitigen Sinne sehr zweckmäßig und praktisch. Es erhebt sich nun natürlich die berühmte juristische Frage: Inwieweit dürfen Sie in der Öffentlichkeit auftreten? Soviel mir bekannt ist, ist ja zunächst nur eine Beschränkung auf das Gebiet Nordrhein-Westfalen ausgesprochen.

E. A. Schmidt: Das Verbot betrifft nur die Betätigung als Heilpraktiker. Kein Redeverbot, keine Polizeiaufsicht, kein Reiseverbot.

Prof. Berndt: Man muss mit der Mentalität der Gegenseite rechnen und ihnen etwas Positives entgegensetzen können. Haben Sie jemanden aus der Ärzteschaft, der so ehrlich ist, seinen Standpunkt klipp und klar in einer für jeden Menschen verständlichen Formulierung darlegt. In dem und dem Fall ist durch die Einwirkung von Herrn Gröning der und der Erfolg zu verzeichnen.

Dr. Lammers: Ich will das machen.

E. A. Schmidt: Von verschiedenen Orten hörte ich, dass die Ärzte sich zusammengeschlossen haben und vereinbarten. Wer an Gröning Kranke überweist, wird vor ein Ehrengericht gestellt. Trotzdem haben wir bereits eine erhebliche Zahl ärztlicher Überweisungen erhalten.

Prof. Berndt: Wir lassen jetzt ein sehr umfangreiches Propagandamaterial für unsere Idee ins Volk hinaustragen. Wie wäre es, die zusammengestellte Broschüre auf diese Art und Weise gleich mitzugeben?

E. A. Schmidt: Es sind zwei Fragen noch nicht klar. Einmal das Publizistische, geschehen durch die authentische Broschüre, zum zweiten das Organisatorische. Außerdem ist noch der „Ring".

Prof. Berndt: Beides zusammenkoppeln: Arbeitsgemeinschaft – dahinter steht die Studiengesellschaft. Diese ist angemeldet als Gesellschaft des bürgerlichen Rechts (Studiengesellschaft für biologisch- und pharmazeutische Forschung).

Studiengesellschaft gibt Stipendien an solche Wissenschaftler, die an ihren Aufgaben und ihrer Zielsetzung interessiert sind. Wir beabsichtigen, ein fahrbares Laboratorium einzurichten.

Studiengesellschaft ist gegründet, Arbeitsgemeinschaft ist eingetragen, juristische Seite ist klar. Nun die Finanzen: Zusammenarbeit zunächst mit Universität Münster, zur Verwertung von Präparaten, die aus der Arbeit der Studiengesellschaft hervorgegangen sind. Vielleicht auch für bestimmte Präparate mit Firmen,

27

die gewillt sind, eine Schutzmarke zu führen, zum Schutz der deutschen Volksgesundheit.

In den Satzungen ist festgelegt, dass die Vermögenswerte der Studiengesellschaft am Tage ihrer Auflösung nicht den Erbnachfolgern zufallen, sondern der Universität Münster als Stiftung zufließen.

Bruno Gröning: Ich stehe nach wie vor dafür, dass die Grundursache aller Krankheiten ist, indem das Volk künstlich durchgehalten wird.

Ich bin ein Mensch, der nicht studiert hat und der der Wissenschaft nicht nachgelaufen ist, sondern der aus eigener Erfahrung und aus Eingebung dieses erprobt hat. Ich bin zu dieser Überzeugung gekommen, obwohl ich kein Arzt bin. Kunst und Wissenschaft sagt: Fort von der Natur, hinein in die Kultur! Und hier liegen die Ursachen der Krankheiten! Die Industrie ist schuld! Sie hat Mittel hergestellt, um den Menschenkörper total zu verseuchen. Ich habe zu den Ärzten schon immer gesagt: „Überall sehe ich Mord, Mord, Mord! Herr Doktor, Sie sind eine Vertriebsstelle für die Hersteller von Medikamenten."

Ich stehe nach wie vor dafür: Naturheilkräuter! Die Natur gibt dem Menschen alles, durch das, was der Herrgott für uns wachsen lässt. Warum künstlich alles herstellen? Woraus werden diese Präparate hergestellt?! Aus allem möglichen Zeug. Die Zusammensetzung kann der Menschenkörper unmöglich vertragen! Wenn heute ein Kranker zum Arzt geht und etwas verschrieben bekommt, heißt es immer: „Dafür" (statt „dagegen")!

Da kommt einer, hat tatsächlich Magenschmerzen. Bekommt was gegen Magenschmerzen. Hat noch ein anderes Leiden, Darmleiden, auch was dagegen, geht alles durch den Magen. Was ist jetzt angegriffen? 1. Der Magen, 2. die Nerven. Da sitzt es: in der Zentrale – Befehlsstelle. Blut wird verseucht, Blut wird vergiftet! Lähmung hat jeder Mensch in seinem Körper schon fix und fertig, braucht nur kleinen Anstoß. Wodurch kommt es, dass ein Mensch in 24 Stunden total gelähmt ist?

Durch die Medikamente! Und jeder wundert sich jetzt, ja woher kommt das? Helfen kann keiner mehr. Wer trägt hierfür die Verantwortung?

Auf einmal fängt es an, im Nu fallen die Beine herunter. Entweder Steiflähmung oder Schlaglähmung. Knochen werden weich oder hart. Vom Magen aus geht es. Die Organe werden durch die Medikamente getötet, ein Organ tötet das andere!

Ich will Ihnen hier zu wissen geben, dass ich in der Lage bin, die Naturheilkräuter wieder neu auswertig zu machen. Denn mein Leben ist auch nicht auf Hunderte von Jahren beschieden, sondern auf wenige Jahre, da will ich vorarbeiten, indem ich Naturheilkräuter ausfindig mache.

Ich bin imstande, jedes Wachstum, was wir auf der Erde haben, festzustellen, wozu es dient, was für ein Organ es heilt. Dazu habe ich mir die Naturheilpraktiker heranzuziehen. Sammelt mir sämtliche Kräuter, Gräser und was es alles gibt. Genauso wie ich in der Lage bin, Medikamente genauestens zu überprüfen, wieweit es nützlich oder schädlich für den Menschen ist, ohne es zu sehen.

Wenn ich einen anspreche, fällt es manch einem gleich auf den Darm, indem er gleich den Durchmarsch bekommt, sämtliche Gifte von sich gibt und den Darm restlos leert.

Prof. Berndt: Auf dem Gebiet der Naturheilkunde ist schon viel Arbeit geleistet worden.

Bruno Gröning: Viel getan ist doch nicht. Die Naturheilmittel, wie sie jetzt da sind, sind Mischungen. Man soll nicht einen Apfel und eine Pflaume zusammen essen. Wenn ein Tee ausgegeben wird, nicht gemischt.

Ein schwarzer Tee muss gemischt werden, verschiedene Sorten Tee, um Geschmack hereinzukriegen. Aber Tee zur Heilung muss rein sein!

E. A. Schmidt: Wir wollen jetzt einmal auf die Vorträge zurückkommen und auf den Vorschlag, dass Herr Gröning persönlich bei den Vorträgen erscheinen soll. Ich sagte schon auf der vor zwei Tagen zwischen den Herren Prof. Dr. Berndt und Dr. Busse und mir stattgefundenen Vorausbesprechung, dass sich dies nicht so ohne Weiteres durchführen lässt. Aber da Herr Gröning nun da ist, kann er sich vielleicht einmal selbst dazu äußern.

Bruno Gröning: Ich stehe auf dem Standpunkt, den Menschen alles verständlich zu machen, mit Tatsachen anzukommen, ihnen alle diese schädlichen Dinge vor Augen zu führen.

Prof. Berndt: Die Vorträge werden in zwei Teile aufgeteilt: Der eine Teil umfasst das, was ich eben vorgetragen habe, das ist: „Wie entsteht die Krankheit, besteht eine Heilung, welche Möglichkeiten gibt es?" Zweite Frage: „Heilung durch Verabfolgung von biologischen Substanzen oder eine persönliche Heilung ohne irgendwelche materiellen Dinge, also materielle Basis – geistige Basis".

E. A. Schmidt: Ich gestatte mir eine Frage. Wir haben hier ein Riesenmaterial durch Briefe für eine statistische Auswertung. Wir

30

bekommen ein Unterlagenmaterial, wie viele und in welchem Umfange und welche Arten unheilbarer Krankheiten bestehen.

Solange Herr Gröning da ist auf der Welt und mit seiner Kraft heilend einwirken kann, ist zunächst eine Überbrückung da. Krankheiten können ausgelöscht werden. Nun kommt aber ein Zeitpunkt – wie ja Herr Gröning sagt, er lebt auch nicht ewig – wo wir Grundlagen schaffen müssen für die Gesunderhaltung der jetzigen und der kommenden Generation.

Darin sehe ich die wesentliche Aufgabe, die Sie (Berndt) durchzuführen haben, dass die Entgiftung der ganzen Ernährung angebahnt und für lange Zukunft erhalten bleibt.

Prof. Berndt: Das Schönste wäre, wenn Herr Gröning eines Tages die Fähigkeiten anderen übertragen könnte. Ein Ort muss da sein, wo man festhält, wer geheilt worden ist.

E. A. Schmidt: Ist auch geplant.

Bruno Gröning: Meine Absicht liegt darin, nicht nur eine Heilstätte hier in Deutschland einzurichten, sondern nach Möglichkeit in jeder Stadt. Ich schaffe alles und ich werde nicht mal in Deutschland sein und heile in Deutschland auch, indem ich ja nur einen Beauftragten habe, der vollzieht die Heilung in meinem Namen. Ich werde Erdflächen ansprechen, wer sich darauf befindet, wie hier der Garten, geschieht das auch. Ich werde Stühle und so manches ansprechen.

Ich weiß, wie viel ich übernehmen kann. Ich kann meinetwegen heute in Amerika sein und kann in sämtlichen Ländern Stellen einrichten. Ich frage nicht nach Religion, nicht nach der Nation. Ich frage nach dem Menschen. Ich muss die ganze Welt durchgehen, ich muss überall die Aufklärung geben. Ich muss

31

vorwiegend dem Volk helfen, wo von ärztlicher Seite nicht mehr zu helfen ist.

Fort mit Kunstdünger, fort mit künstlichen Medikamenten! Denn – wer war der erste Arzt und was war die erste Medizin – die Natur!

Die Wissenschaft sagt: Wir machen etwas Künstliches, geht schneller, es wird modernisiert. Einer von der I. G. Farben hat gelähmte Tochter, ich sollte zu ihr nach Leverkusen. Er kann keine Medikamente herstellen, um Lähmungen zu beseitigen.

Vorwiegend diesen Menschen will ich helfen. Dann werde ich mehrere Stellen einrichten, die erst durch meine Schule gehen müssen. Nun kann ich nicht überall große Vorträge halten, das schaffe ich nicht. Dreimal werde ich anwesend sein und dann nicht mehr.

Prof. Berndt: (*Zurückkehrend zur Frage der Anwesenheit Grönings bei Vorträgen der „Arbeitsgemeinschaft."*) Es soll Ihnen die Schwierigkeiten nehmen. Man wird dem Volk mit Tatsachen gegenübertreten, die Fälle werden besprochen. Sie sollen Kranke in dem Saal behandeln.

E. A. Schmidt: *Wendet dagegen ein, dass in Nordrhein-Westfalen Heilungsverbot bestehe und Heilungen daher nicht durchgeführt werden dürften, ferner,*

- *– dass Grönings Anwesenheit sich sowieso nicht regelmäßig ermöglichen lasse,*

- *– dass es zweckmäßiger sei, ein leitender Mann des Rings gehe mit und berichte jeweils Gröning über den Erfolg der Vorträge und etwaige Besonderheiten,*

32

- *– dass man jedoch die Möglichkeiten offen lassen solle, dass Gröning am Schluss des Vortrages, ohne besondere Ankündigung, erscheinen könne.*

Dr. Lammers: Wir müssten auch Ärzte haben.

Prof. Berndt: Einen Arzt zumindest an den Tagen, wo Herr Gröning persönlich auftritt. Besser wäre es, immer. Herr Gröning müsste wenigstens am ersten Tag in Großstädten anwesend sein.

E. A. Schmidt: Macht jetzt den konkreten Vorschlag, dass die beiden Vorträge „Pharmadyn" und „Ring" gemeinsam durchgeführt werden, dass das Risiko beiderseits zu gleichen Teilen getragen wird, und dass die Einnahmen zu gleichen Teilen, d. h. 50 Prozent „Pharmadyn"-Arbeitsgemeinschaft und 50 Prozent "Ring der Freunde Grönings" unter gleichmäßiger Beteiligung an den Unkosten aufgeteilt werden sollen. Die auf diese Weise aufkommenden finanziellen Mittel werden dann für den Kampf im Sinne der beiderseitigen Bestrebungen verwendet werden.

Bruno Gröning: Ich stehe auf demselben Standpunkt, diesen Kampf aufzunehmen. Meine Vorarbeiten liegen ja schon fest. Ich habe von jedem immer einen Menschen ausgesucht, dieser sucht sich dann die übrigen. Er kriegt die Aufgaben gestellt. Bescheid weiß ich auf allen Gebieten. Wer etwas lernen will, soll zu mir kommen. Und gerade deswegen, weil ich hier schon so schön vorgearbeitet habe, sage ich ohne Schminke: Es passt in unseren Kram. Es ist überhaupt vorteilhaft, sagen zu können, dass wir nicht allein sind, sondern dass tatsächlich die Wissenschaft als solche sich tatkräftig dafür einsetzt, um diesen künstlichen Dingen ein Ende zu machen, es von A-Z zu vernichten und das Natürliche hervorzuholen.

E. A. Schmidt: Ich darf jetzt kurz zusammenfassen: Der „Ring" arbeitet also künftig eng mit der Arbeitsgemeinschaft „Pharmadyn" zusammen und wir werden umgehend einen Termin für den Start dieser gemeinsamen Arbeit festlegen, – Herr Gröning, dürfen wir damit rechnen, dass Sie den ersten Tag der Vortragsserie bestimmt wahrnehmen werden?

Bruno Gröning: Ja!

E. A. Schmidt: Es wäre für die Arbeit des „Ring" sehr wertvoll, wenn er auch an seiner Spitze wissenschaftliche Mitarbeiter hätte. Würden Sie, Herr Prof. Berndt, bereit sein, in den Ring einzutreten?

Prof. Berndt: Selbstverständlich! Ich werde persönlich mit meinem Namen eintreten.

Bruno Gröning: Der „Ring" hat die Aufgabe, all das, was uns rein materiell zur Verfügung steht, schriftlich festzulegen, was besonders beobachtet wird, herauszusuchen, bleibt dann in einem festen Aktenstück und wird von Zeit zu Zeit erneuert. Alle Monate oder alle Vierteljahre ein Aktenstück, oder alle sechs oder acht Wochen. Ein Aktenstück, das den Beweis erbringt, wie weit die Lage heute noch ist. Was Ihrerseits hat geschehen wollen, liegt ja in Ihrem Programm schon fest.

Abschließend fand noch die Besprechung über die Herausgabe einer Zeitschrift für den „Ring" statt, und zwar zwischen Gröning-Verleger Sicker und E. A. Schmidt. Es wurde übereingekommen,

- *– dass Sicker die Zeitschrift verlegen solle,*

- *– dass ein monatliches Erscheinen vorerst als ausreichend betrachtet würde,*

- *– dass folgende Linie verfolgt werden solle: Aufklärung der Kranken grundsätzlicher Art, Darlegung der Gröning'schen Heilungsweise, Erläuterung zu den Rückfällen, Herstellung des Selbstbewusstseins und der inneren Kräfte, wodurch sich jeder einen eigenen Gesundheits- und Heilungszustand schafft.*

Auch laufende Kontrolle über den Verlauf der einzelnen Fälle, um einwandfreies dokumentarisches Material zu haben, wenn die Gegenkräfte kommen, mit denen man immer zu kämpfen haben wird.

Quelle:

Archiv Bruno Gröning Stiftung

Rede von Bruno Gröning, Rosenheim, 27. August 1949, morgens

„Ich kann auftauchen, wo ich will, überall kommen Menschen zu mir."

Hinweis

Dies ist eine Abschrift der stenografisch protokollierten Rede von Bruno Gröning, die er am 27. August 1949 morgens auf dem Traberhof bei Rosenheim gehalten hat.

Meine lieben Heilungssuchenden!

Ich kann auftauchen, wo ich will, überall kommen Menschen zu mir. Ich bin, kurz gesagt, durch meine Güte, die ich an den kranken Menschen ausübe, ein Gefangener. Ich bin nun eben einmal für Sie da, um Ihnen allen zu helfen und Sie zu heilen. Die Hilfe und Heilung kommt nur diesen Menschen zugute, die den festen Glauben an unseren Herrgott haben. Wer ihn aber seit Jahrzehnten verloren hat und jetzt bereit ist, ihn wieder in sich aufzunehmen, auch dem soll Hilfe zuteil werden.

Leider muss ich Ihnen heute noch die Mitteilung machen, dass ich heute noch nicht so frei arbeiten kann, wie der Herrgott es von mir verlangt. Ich scheue keinen Tag, ich scheue keine Stunde, die ich für Sie opfere. Opfere, nein, ich bitte um Verzeihung, ich habe mich versprochen. Es ist für mich eine Selbstverständlichkeit, den Elenden allen zu helfen! Ich frage nicht danach, welcher Religion, ich frage nicht danach, welcher Nation der eine oder andere angehört. Sie alle sind Menschen, alle sind Sie nur Kinder Gottes. Der Arzt aller Menschen ist und bleibt unser Herrgott! Wer mit ihm lebt, der hat alles. Er wird reich werden, reich an Gesundheit, und das ist wohl das größte Glück, das einem Menschen von unserem Herrgott gegeben werden kann.

Obwohl ich über den Rundfunk Ihnen allen Bescheid habe zukommen lassen, mich in meiner Arbeit, in meiner Aufbauarbeit nicht zu stören, weiß ich, dass Sie es doch nicht lassen können. Ich bin Ihnen deshalb nicht böse, dass Sie gekommen sind. Nur eines tut mir leid, dass Sie die letzte Nacht hier schon verblieben sind, und ich weiß, so auch überall, wo man nur hört, dass ich beabsichtige, hier- und dorthin zu kommen, so warten die Menschen Tage und Nächte. Ich bitte Sie alle, in Zukunft dieses nicht zu tun. Sie nutzen nicht, im Gegenteil. Das ist es, was mir bis in die Seele leid tut, Sie alle noch warten lassen zu müssen.

Ich beabsichtige, hier in Bayern Heilstätten zu errichten; Heilstätten deshalb zu errichten, damit die Heilung, wie ich dazu imstande bin sie zu vollziehen, ordnungsgemäß vor sich geht; nicht wie bisher! Sie alle werden mir Recht geben, so wie Sie hier stehen, dass es doch keine geordneten Verhältnisse sein können. Daher bitte ich Sie zu warten, bis ich soweit bin. Diese Heilstätten sollen dazu dienen, dass die Heilung tatsächlich in einem geregelten Zustand vor sich geht. Ich weiß, Sie alle bringen das Verständnis hierfür auf, dass alles so seine Zeit braucht. Ich bin auf dem allernächsten Wege! Und mir sind Angebote über Angebote gemacht worden über Heime und Häuser, und ich will Sie nicht in ein Krankenhaus führen, sondern in eine Heilstätte, wo Sie tatsächlich geheilt werden können! Aber diese Zeit müssen Sie mir schon geben, dass ich das eine oder andere Angebot prüfe. Ich brauche die Zeit dafür. Seien Sie mir bitte nicht böse. Wenn ich sage, ich könnte etwas anderes tun, ja ich könnte Sie jetzt heilen, warum tue ich das nicht? Aber eines gebe ich Ihnen zu wissen, ich kann das hier nicht wegwischen, ich kann nicht sagen: Scheren Sie sich nach Hause! Nein, obwohl ich hier von einer Heilung nicht sprechen darf, denn ich möchte nicht, dass Sie vielleicht die Schuld tragen, wenn ich hier eine Heilung vollziehe, dass von Staats wegen gesagt werden kann: Ich habe gegen das Verbot verstoßen. Und Sie alle wollen wohl nicht die Schuldigen sein, dass das Verbot endgültig ausgesprochen wird. Sie alle wollen wohl nicht die Schuld auf sich nehmen, dass dann vielen tausenden und Millionen Menschen nicht mehr die Hilfe zuteil werden kann. Ich glaube, Sie haben mich hierin verstanden.

Üblich wie immer ist es ja so, dass Menschen, die sich in meiner Umgebung befinden, schon die Hilfe erhalten können, soweit sie aufnahmefähig sind, soweit sie frei sind, soweit sie sich von dem Schlechten befreit haben, können sie das Gute in sich aufnehmen. Das Gute ist die Gesundheit! Gestatten Sie, dass ich ein bisschen neugierig bin, indem ich die Frage stelle: Wer hat hier noch Schmerzen? Sie haben hier schon zu wissen bekommen, dass die Heilung mitgenommen werden kann für Ihre Angehörigen. Deshalb sind Sie auch hier, indem Sie auch diese Gelegenheit ausnützen wollen, um die Gesundheit für Ihre nächsten Mitmenschen mit nach Hause zu nehmen. Ich gebe Ihnen zu wissen, dass alle Ihre Wünsche erfüllt werden können. Ich wünsche Ihnen von Herzen alles Gute und beste Gesundheit!

Ich mache Sie aber aufmerksam, dass nicht alle, wie ich schon gesagt habe, eine Berechtigung haben, die Gesundheit zu empfangen.

Jeder Mensch muss erst zu einem Menschen werden. Wenn er den Glauben an unseren Herrgott verloren hat, muss er ihn wieder gewinnen und mit ihm leben. Dann ist er es erst wert, als Mensch angesprochen zu werden. Denn ein Mensch ohne Glauben ist für mich kein Mensch. Er gehört nicht zu den Menschen, denn er sondert sich ja ab. Er verachtet und verleumdet ja unseren Herrgott, indem er sich dagegen stellt. Ohne unseren Herrgott gibt es kein Glück, auch keinen Segen! Jeder muss sich seiner Schuld selbst bewusst sein. Sie sollen wissen, dass Sie zusammen gehören. Sie sollen Ihren Nächsten lieben wie sich selbst. Das ist mein Wunsch, das ist mein Wille, dass dieses geschieht. Sowie dieses geschieht, dass die Menschen wieder zusammenfinden, so wird diesen allen die Möglichkeit der Hilfe zuteil werden. Nicht ich, ich bin nichts, der Herrgott ist alles! Wir gehören ihm.

Ich persönlich setze alles daran, dass dieser Tag kommt, dass man mich frei arbeiten lässt, Menschen zu helfen, Menschen zu heilen. Ich mache hier den letzten Versuch. Sollte man mir dies hier verbieten, so kann ich das nur wiederholen, was ich am ersten Tage, an dem man mir das Verbot vor die Augen gehalten hat, gesagt habe: Arme Deutsche! Ich gebe Ihnen zu wissen, dass ich ohne Arbeit, ohne einem Menschen überhaupt zu helfen, nicht mehr leben kann. Ich muss helfen! Und wenn mir hier die Hände gebunden werden, wie es bisher immer der Fall war – trotz allem ist viel geschehen. Aber für die Dauer geht es nicht, ich muss frei sein, muss frei arbeiten können. Ich tue meine Pflicht, was die Ihre ist, bleibt jedem selbst überlassen.

Ich weiß, die Presse versucht, mich mit Schmutz und Dreck zu bewerfen. Ich tue nichts Schlechtes, ich tue nur Gutes. Sie haben die Presse gelesen. Sie wissen, was man dagegen schreibt, und Sie kommen doch und glauben. Die Menschheit lässt sich nicht abhalten, sie lässt sich nicht irreführen. Ich weiß, sonst wären Sie auch nicht gekommen. Doch einzelne wenige gibt es, die aus Neugier kommen, Einzelne gibt es, die überzeugt werden wollen, und die meisten sind hier, dass ihnen geholfen wird. Ich gebe Ihnen auch zu wissen, dass die Presse, wie sie bisher schmutzig ist und dreckig ist von diesem kleinen Mann, den Sie hier vor sich stehen haben, geschrieben hat, erschüttert mich nicht. Aber ich weiß, dass sie eine große Schuld dazu beiträgt, dass Menschen, die schon geheilt sind – vereinzelt, ganz wenig, wie ich schon festgestellt habe – wieder in ihr Leiden zurückgefallen sind. Und zwar ist es ganz leicht zu erklären, da der größte Teil aller Menschen von einem seelischen Leid befallen ist, und alles Seelische ist so in sich gefestigt, dass es so leicht nicht mehr freikommen kann. Hier ist die Hilfe, die Heilung und da der Zweifel. Zweifel dann, wenn ein Mensch etwas zu lesen oder zu hören bekommt, denn der Satan lässt nichts unversucht, in jedem Menschenkörper Einlass zu finden, den Menschen wieder von diesem reinen göttlichen Glauben abzuziehen. Und so sehe ich dies auch hier, dass der eine oder andere Kranke, der gesund war, wieder verfallen ist, weil ihm das eine vor Augen geführt wurde, indem es heißt, wir könnten doch einem Betrüger, einem Lügner oder sonst einem in die Hände gefallen sein, dann sind wir ja nicht geheilt. Meine Schuld ist es nicht! Auch hier weiß ich den Kampf aufzunehmen gegen diese Menschen, die bisher so schmutzig darüber hergezogen haben.

Ich nehme an, dass Sie mich verstanden haben und wenn ich Ihnen jetzt sage, gehen Sie bitte ruhig nach Hause, sagen Sie bitte Ihren Angehörigen, sie mögen einstweilen nicht hierher kommen, sondern zu Hause bleiben und warten, bis sie mehr zu hören und zu lesen bekommen. Bis dieser Tag da sein wird, kann ich mich nicht zerreißen. Morgen muss ich schon wieder fortreisen für mehrere Tage. Warten Sie, es kann nicht mehr lange sein. Es ist ja auch nicht so lange, wie Sie sich mit Ihrem Leiden herumtragen, wie Sie schon gelitten, so lange dauert es nicht. Erst Jahre und jetzt nur noch Tage. Ich gehe meinen Weg, ich gehe davon nicht ab.

40

Ich bin und fühle mich verpflichtet, Menschen zu helfen und Menschen zu heilen, und dieses geschieht nur im Namen Gottes!

Quelle:
Archiv Bruno Gröning Stiftung

„Wie heute, so jeden Tag befinden sich hier Menschen ..."

Rede von Bruno Gröning, Traberhof bei Rosenheim, 27. August 1949, abends

Hinweis

Dies ist eine Abschrift der stenografisch protokollierten Rede von Bruno Gröning, die er am 27. August 1949 abends auf dem Traberhof bei Rosenheim gehalten hat.

Meine lieben Heilungssuchenden!

Wie heute, so jeden Tag befinden sich hier Menschen, Menschen, die eine Heilung suchen. Aber unter diesen gibt es auch einzelne Menschen, die ja selbst wissen werden, dass sie aus reiner Neugier hierher gekommen und noch große Skeptiker sind. Ich fühle es; ich könnte sie mir einzeln heraussuchen. Ich bitte, diese schmutzigen Gedanken beiseite zu stellen. Es geht hier nicht um Experimente; es geht hier nicht um Schaukunst. Der größte Teil von Ihnen wird wissen, wonach Sie hierher gekommen sind. Ich habe niemanden von Ihnen gerufen; im Gegenteil, ich habe Sie gebeten, mich vorerst in Ruhe zu lassen und abzuwarten, bis der Tag da sein wird, wo Ihnen die Hilfe in einer geordneten Weise zuteil werden wird, und deshalb ist es nicht so, wie einzelne wenige es sich so denken und glauben, dieses reine und große göttliche Werk in Schmutz und Dreck ziehen zu können oder zu müssen. Wer es nicht ist, braucht es sich nicht zuziehen, es sind ganz wenige hier unter Ihnen. Einer hat schon abgelassen. Er sagt: „Nein, derjenige will ich nicht sein." Er weiß, wer er ist.

Denn Schaukünste will ich hier nicht vorführen. Ich will Menschen helfen und heilen! Aber in so einem ungeordneten Zustand wird es für die Dauer nicht gehen. Und deshalb bitte ich Sie, abzuwarten.

Ich will den Tag nicht sagen. Ich brauche noch eine gewisse Zeit, wie ich beabsichtige, hier in Oberbayern zu bleiben und Heilstätten zu errichten, wo Sie dann geordnet der Reihe nach zu mir kommen können und dort auch die Hilfe, die Heilung empfangen.

Wer empfängt und wer hat Recht auf Heilung?

Ein Recht hat nur der, der den göttlichen Glauben in sich trägt und mit ihm zu leben gedenkt. Weiter gibt es Menschen, die schon Jahre den Glauben verloren, schon Jahre den Glauben beiseite gestellt und im Gegenteil ihn noch durch Schmutz und Dreck gezogen haben. Ich gebe Ihnen zu wissen, dass Sie alle, so wie Sie hier und überall in dieser großen und göttlichen Welt leben, nur Kinder Gottes sind. Der alleinige Arzt – der Arzt aller Menschen – ist und bleibt unser Herrgott. Nur er kann helfen. Hilft aber nur dem Menschen, der den Weg zu Ihm gefunden hat, oder aber, wie ich schon sagte, der bereit ist, den Weg anzutreten, den Glauben in sich aufzunehmen und mit ihm zu leben. Sie brauchen nicht an den kleinen Gröning zu glauben, aber Vertrauen müssen Sie mir entgegenbringen und dem Herrgott für seine große Tat, für seine große Macht, für seine Herrlichkeit danken. Nicht ich will den Dank; nein. Den habe ich auch nicht verdient. Ich tue genauso meine Pflicht, wie Sie die Ihre in Ihrem Beruf.

Da Sie alle zum größten Teil noch nicht so aufgeklärt sind und nicht wissen, wie diese Heilung überhaupt vor sich geht – warum, wieso, weshalb – so gebe ich Ihnen zu wissen, dass Sie die Angst und das Geld zu Hause lassen können, aber die Krankheit und Zeit immer mitbringen müssen, um die ich Sie dann beraube. Ich nehme Ihnen die Krankheit und raube Ihnen auch die Zeit. Der Lohn hierfür, den Sie empfangen, soll der Glaube an unseren Herrgott sein, dass Sie so dastehen, dass Sie mit unserem Herrgott leben.

Das heißt nicht nur in Gedanken; nein. Sie sollen Mensch zu Menschen sein. Liebe deinen Nächsten wie dich selbst! Nicht gehässig sein, nicht falsch, niemandem etwas Schlechtes antun; Sie sollen alle gut sein, gut untereinander. Sie sollen wissen, dass Sie zusammengehören; ob arm ob reich. Nie neidisch sein! Der eine hat und der andere hat nicht. Das Beste und Größte, was Reichtum ist, ist ja nicht das Geld, wie Sie dachten. Reichtum ist Gesundheit! Gesundheit ist alles; mehr als Geld! Und deswegen haben Sie keine Berechtigung, über den anderen Menschen, der etwas mehr Geld hat, zu sagen, dass er reicher ist. Nein, der ist an der Gesundheit ärmer, als der Arme an Geld ist.

Sie haben vorhin gehört, wie Sie hier stehen sollen. Eine offizielle Heilung will ich nicht vollziehen. Ich muss erst wissen, ich muss erst alles schwarz auf weiß haben, dass ich eine öffentliche Heilung wie hier vollziehen darf. Aber deswegen brauchen Sie keine Furcht zu haben. Bisher ist es immer so gewesen, dass Menschen, die sich in meiner Nähe befunden haben, trotzdem, wenn Sie den Glauben und das Vertrauen gehabt haben, schon gesund geworden sind. Sie brauchen mir Ihre Leiden nicht aufzuzählen. Sie selbst werden es am eigenen Leibe verspüren, auch schon verspürt haben, wie auch der eine oder andere, der sich hier unter Ihnen befindet, schon gesagt hat: „Meine Schmerzen sind fort!" Wir können das ja einmal ganz kurz überprüfen. Manchmal bin ich ein bisschen neugierig; nehmen Sie mir das bitte nicht übel. Heben Sie bitte den Arm, aber nur die, die Schmerzen haben. Aber vorsichtig! Wer keine hat und hebt den Arm, der bekommt noch welche! – Dankeschön! – Und wer hat jetzt noch Schmerzen von Ihnen? Vorsicht aber! – Sind es dieselben Schmerzen? – Nehmen Sie mal den Arm runter. – Und jetzt?

Die Heilung geht so vor sich. Wenn ein Mensch an sein Leiden denkt, wenn ein Mensch an seine Schmerzen denkt, kann ich sie nicht abnehmen. Beobachten Sie Ihren Körper. Nur beobachten; was geht da vor? – Was verspüren Sie jetzt? – Wer irgendwo Schmerzen hat, legt die Hand auf diese schmerzende Stelle und zieht sie wieder ab. Ich kann das machen wie ich will; das bleibt sich gleich. Es liegt aber hier am Menschen selbst, wie er sich freigemacht hat, um die Heilung zu empfangen. Das heißt, er muss rein sein. Er muss wissen, dass er kein Gotteslästerer ist. Er muss wissen, dass er sich verpflichtet und verbunden fühlt, mit dem Herrgott zu leben. Dann ist er rein. Nun haben Sie alle das empfangen, was Sie empfangen wollten. Es liegt jetzt an Ihnen. Die Gesundheit ist etwas Gutes und bleibt nur in dem Körper, der rein dasteht, und wer auf dem besten Wege dasteht, der empfängt es nach und nach. Der eine hier, der andere auf dem Weg nach Hause, der andere zu Hause oder nicht gleich, etwas später.

Ich bitte Sie, allen Ihren bekannten und verwandten kranken Menschen zu sagen, dass sie vorerst nicht kommen sollen, sondern abwarten, bis ich alles soweit geregelt habe. Ich habe Ihnen schon gesagt, dass ich hier beabsichtige, Heilstätten zu errichten, dass alles in einem geregelten Zustand abgewickelt werden kann. Sie brauchen nicht zu fürchten, wenn der eine oder andere schwer gelähmt oder blind ist, dass ihm die Hilfe nicht zuteil werden kann. Die Hilfe kann jedem Menschen zuteil werden und wer für einen Menschen gekommen ist, der soll die Hilfe mit nach Hause nehmen, indem er von mir einen schönen Gruß bestellt. Ich selbst wünsche Ihnen das Allerbeste und vor allen Dingen die Gesundheit. Wonach Sie gekommen sind, haben Sie erhalten. Es liegt an Ihnen selbst, wie sie es behalten.

45

Ansprache des Herrn Polizeipräsidenten von München, Pitzer, im Anschluss an Grönings Balkonrede:

Ich bin in erster Linie als kranker Mensch hierher gekommen, doch es ist richtig, dass mich die Angelegenheit auch in meiner Eigenschaft als Münchener Polizeipräsident interessierte. Und ich kann Ihnen versichern, dass ich noch nie in meinem Leben so bewegte Stunden erleben durfte. Ich musste sie erleben, um die Wahrheit zu erleben.

Ich habe noch nie in meinem Leben eine derartig haargenaue Diagnose bekommen, trotzdem ich Herrn Gröning noch nie gesehen hatte. Was er mir mitteilte, stimmte hundertprozentig, und ich danke ihm hier von dieser Stelle aus. Möge unser Herrgott ihm weiter die Kraft verleihen, dass er allen kranken Menschen helfen kann. Das ist vorläufig mein Wunsch. Es liegt an uns allen, mit starkem Glauben und aufgeschlossenem Herzen daran zu glauben, dass wir bald gesund werden. Der größte Reichtum ist die Gesundheit.

Ich persönlich versichere Ihnen, ich glaube an diese Heilung, und ich spüre ganz wesentliche Besserung aufgrund der kurzen Behandlung hier in diesem Hause. Ich bin mir meiner Worte bewusst, die ich hier vor einem kleinen Teil unseres bayerischen Volkes spreche. Ich trage hierfür aber auch bis zur höchsten Regierungsstelle hinauf die Verantwortung, ob es nun manche gerne hören oder nicht gerne hören mögen. Das allein Entscheidende ist im Leben die Tat, dass dem Kranken geholfen wird. Ich habe seit siebzehn Jahren – und das ist ziemlich weit über die Grenzen hinaus bekannt – ein schweres Herzasthma- und Ischias-Leiden. Ich habe ein halbes Vermögen geopfert, aber niemand hat mir helfen können. Es werden mir deshalb die gelehrten Männer nicht übel nehmen, wenn ich hierher geeilt bin, um Hilfe zu suchen. Und ich erwarte die Hilfe.

Ich spreche nicht für mich allein, und es soll überall gehört werden, und ich glaube, mein Wille ist stark genug, weil der Glaube noch stärker ist, dass ich gesund werde, da ich für alle anständigen Menschen gesund bleiben muss. Haben Sie auch das notwendige Vertrauen! Wir sind hier nicht vor einem Kasperltheater; die Situation ist zu ernst. Mögen die Herren urteilen, wie sie wollen; mein Beitrag dazu wird geleistet. Landtagspräsident Hagen wird auch als Sprachrohr dafür sorgen, dass es an die höchsten Stellen kommt.

Landtagspräsident Hagen (CSU) spricht:

Ich bin mit einer großen Skepsis hierher gefahren und wollte mich persönlich überzeugen; von dem, was hier geschehen soll.

Ich möchte mich den Worten des Münchener Polizeipräsidenten anschließen: „Glauben Sie an die Berufung des Herrn Gröning!"

(*Stenogramm enthält wegen Störung eine Lücke.*)

Quelle:

Archiv Bruno Gröning Stiftung

Pressekonferenz im Spielsaal des Traberhofs

Bruno Gröning, 31.8.1949, nachmittags

Hinweis

Dies ist die Abschrift des stenografischen Protokolls einer Pressekonferenz, die Bruno Gröning am 31. August 1949 im Spielsaal des Traberhofs bei Rosenheim, abgehalten hat.

Herr Hülsmann *spricht einleitende Worte, dass Herr Gröning die gesamte Presse zusammengerufen hat, um eine klare Linie für die Zukunft zu erreichen und alle Entstellungen und falschen Meldungen zu vermeiden. Dann spricht:*

Dr. Trampler: Meine Damen und Herren! Ich möchte bloß einige Worte zu der Frage sagen, die die Öffentlichkeit hier ganz besonders in den letzten Tagen bewegt hat, nämlich die der Stellungnahme des Bayerischen Innenministeriums zu Herrn Gröning. Nachdem gestern eine Stellungnahme des Innenministeriums veröffentlicht gewesen ist, die in weiten Kreisen so gedeutet worden war, als ob nicht gerade an ein Verbot, aber an eine Behinderung der Heiltätigkeit von Herrn Gröning gedacht sei, habe ich mich, da ich am Samstag selbst eine nicht für möglich gehaltene Heilung an mir erfahren habe, zu Herrn Staatssekretär Schwalber begeben und habe ihn gebeten, mir möglichst eine Auslegung dieses Schreibens zu geben. Ich möchte sagen, dass die Beunruhigung, die in der Bevölkerung entstanden ist, wohl überflüssig ist. Ich kann nur bestätigen, dass ich bei Herrn Staatssekretär Schwalber und den übrigen Herren des Innenministeriums, mit denen ich sprechen konnte, die Aufgeschlossenheit gefunden habe, dem Außerordentlichen dieses Falles gerecht zu werden. Andererseits ist es begreiflicherweise schwierig, nach den nun einmal bestehenden gesetzlichen Vorschriften eine Regelung zu treffen, die das Heilpraktikergesetz übergeht. Herr Staatssekretär Schwalber hat mir für meine Zeitung ein Interview über diese Frage gegeben, aus dem nun hervorgeht, dass an ein Verbot nicht gedacht wird, dass aber gewisse Voraussetzungen nach dem Gesetz erfüllt werden müssen. Sie werden, wenn Sie diese Stellungnahme lesen, den Eindruck haben, dass wahrscheinlich die Schwierigkeiten, die sich hier ergeben hatten, überbrückt werden und hoffentlich sehr bald. Man erwartet beim Staatsministerium des Innern nach dieser Stellungnahme, dass der gesetzmäßige Antrag auf Zulassung zur Heilpraxis gestellt wird. Es dürfte aber anzunehmen sein, dass bei der Außergewöhnlichkeit des Falles und nach den zahlreichen Heilungen der weite Umweg über eine monatelange Praxis in Krankenhäusern usw. nicht gegangen werden muss, sondern dass es genügen wird, wenn klinisch vor untersuchte und klinisch nach untersuchte Fälle von tatsächlichen Heilungen diesem Antrag beigegeben werden.

Ich habe keinen Augenblick irgendwie einen Zweifel daran gehabt, dass es ein Leichtes sein wird, nicht nur einzelne, sondern Hunderte von Fällen vorzulegen, obwohl unendlich viele, die hier von Herrn Gröning eine Heilung erfahren haben, ihm nicht einmal dem Namen nach bekannt sind, vielleicht auch nicht hinterher einen klinischen Befund eingeschickt haben.

Jedenfalls glaube ich, versichern zu können, dass die Dinge im bayerischen Innenministerium loyal und fair geprüft werden und dass hoffentlich auf diese Weise sehr bald die Schwierigkeiten überbrückt werden.

Ich habe übrigens dabei keinen Zweifel gelassen, dass ich mich ohne irgendeinen Auftrag zu Herrn Staatssekretär Schwalber begeben hatte. Es ist zwischen uns über diese Dinge nicht im Voraus gesprochen worden, sondern ich ging zu ihm ausschließlich überzeugt davon, eine Kraft verspürt zu haben, der wir, glaube ich, nur mit Ehrfurcht begegnen zu können und die das bisher Bekannte doch wesentlich übersteigt, und nur aus dieser persönlichen Überzeugung heraus musste ich mein Zeugnis ablegen. Ich spreche auch hier nicht in einem Auftrag, sondern nur deshalb, weil das Interview erst heute herausgekommen ist.

Dr. Zetti: Wenn ich als Arzt hier stehe, so hauptsächlich deshalb, weil in der letzten Zeit sehr häufig Meinungsverschiedenheiten aufgekommen sind, die hauptsächlich von einem gewissen Kreis von Ärzten herrührten, von denen Herr Gröning angegriffen worden ist. Meine Meinung ist, ich habe mich selbst hier schon des Öfteren überzeugt, dass die Fälle, die hier geheilt worden sind, von keinem Arzt hätten geheilt werden können. Der Wissenschaft sind gewisse Grenzen gesetzt, über die die Ärzte nicht hinauskönnen. Herr Gröning hat hier Fälle geheilt, die von uns unmöglich geheilt worden wären. Ich kann es daher auch nicht verstehen, dass es Herrn Gröning nahegelegt worden ist, er solle in Kliniken oder irgendwo zuerst einmal einen Kursus mitmachen, um überhaupt heilen zu dürfen. Was wollen wir den Herrn Gröning lernen? Fragen wir uns doch mal selbst. Diese Kräfte, die Herr Gröning besitzt, können wir ihm niemals verbieten, unmöglich. Wir brauchen Herrn Gröning im Gegenteil, wir können sogar noch von Herrn Gröning lernen, und alle meine Kollegen werden sich sicher im Laufe der Zeit umstellen und werden sehen, dass wir Ärzte sehr viel von Herrn Gröning noch lernen können und lernen müssen, um zum Wohle der Menschheit zu arbeiten und den Ärmsten Hilfe bringen zu können. Die Hauptsache ist doch nicht, wie die Kranken geheilt werden, sondern dass sie geheilt werden und dass ihnen

Linderung und Erlösung von Ihrer schwersten Not, von ihrem schwersten Leiden gebracht wird. Ich spreche hier selbst als Arzt einer großen Praxis in München. Als ich hierher ging, habe ich es verschiedenen Patienten gesagt. Alle sagten mir: Bringen Sie uns doch mal Gröning mit! Das ist doch auch ein Zeichen, dass auch vom Volke, besonders von den Patienten auch, der Wunsch da ist, dass Gröning heilt und Hilfe bringt, die wir nicht bringen können. Ich begrüße es selbst, dass heute dieser Kreis zusammengekommen ist, damit die Öffentlichkeit einmal aufgeklärt wird, dass das, was Gröning leistet, auch wirklich von Dauer ist und Fälle geheilt worden sind, die, wie ich mich selbst überzeugt habe, nicht von anderer Seite geheilt werden konnten. Es ist meines Erachtens doch die Tatsache, dass wir an Gott glauben, eine Sache, die eigentlich ins Gesundheitsministerium gar nicht hinein gehört. Diese Sache müsste doch eigentlich von einer höheren Warte aus betrachtet werden, und ich hoffe, dass dieser Kreis heute dazu beiträgt, dass Gröning in Zukunft keine Prügel mehr zwischen die Füße geworfen werden, sondern dass ihm endlich die Erlaubnis erteilt wird, den ärmsten Menschen zu helfen.

Dr. Rödel: Meine Damen und Herren! An und für sich hat ja ein Rechtsanwalt bei der Sache wenig zu suchen. Aber der Zweck der heutigen Zusammenkunft ist schließlich der, der breiten Öffentlichkeit darzutun, warum letzten Endes für sie keine Gefahr besteht, unter Umständen auf Gröning verzichten zu müssen. Ich bin gerne dem Ruf, hierher zu kommen, gefolgt und habe, nachdem ich mit eigenen Augen gesehen habe, was Gröning leistet, mich gerne bereit erklärt, hier auch meine ganze Kraft für eine Sache einzusetzen, die mir wirklich eines Einsatzes wert ist.

Die Öffentlichkeit wird durch die letzten Veröffentlichungen vielleicht beunruhigt sein, und zwar vielleicht darüber beunruhigt,

51

weil man den Eindruck gewinnen könnte, dass vielleicht durch Pressenachrichten, durch Veröffentlichungen von Ministerien und sonstigen Behörden nicht so sehr allein die Arbeit des Herrn Gröning unterbunden werden könnte, sondern dass Herrn Gröning letzten Endes die Lust vergehen könnte, hier bei uns in Bayern zu arbeiten und den Menschen zu helfen. Ich meine und sage das nun nicht als Jurist, sondern als Mensch, dass wir uns doch auf den Standpunkt stellen sollen, dass wir jeden gerne in unserer Mitte haben, der bereit ist, anderen Menschen zu helfen und dass wir, wenn wir gute Menschen sind, die Pflicht haben, einem Menschen, der anderen Menschen helfen will, wiederum selbst zu helfen und ihm die Schwierigkeiten aus dem Weg zu schaffen, die unter Umständen seine Arbeitsweise und seine Arbeitskraft hindern könnten. Ich kann mich des Eindrucks nicht erwehren, dass unter Umständen der Widerstand, der zurzeit vielleicht in den Anfangsgründen noch gegen Herrn Gröning besteht, dazu führen könnte, wenn wir ihn nicht sofort mit allen Mitteln zurückwerfen, dass Gröning jede Lust verliert, hier zu arbeiten und dass er uns letzten Endes verlässt und deshalb verlässt, weil unter Umständen die Paragrafen seine Arbeitsweise und die Hilfe, die er uns geben will, verhindern wollen.

Sie würden bestimmt der ganzen Bevölkerung und vor allem den kranken Menschen, die bisher durch normale ärztliche Hilfe keine Heilung gefunden haben, einen schlechten Dienst erweisen, wenn Sie die Tätigkeit des Herrn Gröning nicht in dem Lichte bringen würden, in dem er sie gebracht haben will. Er will nicht, wie ich ihn verstanden habe, nun irgendwie Ärzten eine Konkurrenz machen. Er will da helfen, wo andere versagt haben, wo man sozusagen den Menschen aufgegeben hat. Und ich glaube, um auf das Gesetz zurückzukommen, dass es niemandem verboten werden sollte, da zu helfen, wo andere bereits gesagt haben: „Ich kann nicht helfen." Und wenn wir sagen: „Bitte, helfen Sie doch diesem Menschen, dem nicht mehr geholfen werden kann.", dann glaube ich, dass es kein Recht geben kann, dies Herrn Gröning zu untersagen.

Ich glaube, dass wir auch die gesetzlichen Bestimmungen finden werden, die Herrn Gröning das Arbeiten erlauben. Und ich bin der Meinung, dass kein Gesetz es verbieten kann, Menschen zu helfen. Ich habe mit Freude gehört, dass auch die Meinung des Innenministeriums, des Herrn Staatssekretärs, in den gleichen Bahnen läuft und dass er letzten Endes bloß von uns verlangt, dass wir gewisse formelle Wege gehen. Wir sind bereit, diese zu gehen, wenn an uns keine Bedingungen gestellt werden, die wir nicht erfüllen können. Wir können nicht von Herrn Gröning erwarten, dass er als Heilpraktiker vielleicht einen Krankenwagen sechs Monate lang in einer Klinik hin und her schiebt, nur damit die Formalitäten erfüllt sind.

Es ist unsere Aufgabe und unsere Pflicht, Herrn Gröning zu unterstützen und ihn von all diesen Dingen frei zu halten, d. h. diese Arbeiten auf uns zu nehmen, damit er ungehindert seiner Tätigkeit nachgehen kann und seine Kraft, die dazu dienen soll, anderen Menschen zu helfen, nicht vergeuden muss, um einen Kampf mit Behörden zu führen. Diese Arbeiten wollen wir übernehmen, und ich bin gerne bereit, mich in dieser Hinsicht an seine Seite zu stellen. Und wenn Sie uns Hilfe angedeihen lassen wollen, dann sage ich Ihnen schon heute meinen herzlichen Dank.

Bruno Gröning: Meine Damen und Herren! Ich begrüße Sie aufs Herzlichste und heiße Sie willkommen. Ich habe Sie hierher rufen lassen, weil bisher auf Seiten der Presse große Unstimmigkeiten herrschen. Niemand hat etwas Genaues gewusst noch Genaues geschrieben oder überhaupt die Absicht gehabt, die Wahrheit zu schreiben. Ich gebe Ihnen zu wissen, dass Sie viel dazu beitragen, den Menschen zu helfen und auf der anderen Seite den Menschen zu schaden. Zu helfen in dem Sinne, indem Sie die Wahrheit schreiben, und zwar alles schreiben, was Sie zu sehen und zu hören bekommen. Aber umgekehrt können Sie Menschen schaden, bei welchen die Heilung bereits vollzogen ist. Wenn diese Menschen, einzelne, mit einem Mal etwas in dieser und jener Zeitung zu lesen bekommen, Schmutzigkeiten, die auf keine Kuhhaut mehr gehen, so müssen sie sich sagen: „Wem bin ich verfallen, ist es ein Scharlatan oder sonst was? Ich bin einem Schwindler verfallen; ich bin ja gar nicht geheilt, nein, ich kann nicht geheilt sein!" Und solche Menschen verfallen in ein neues seelisches Leid, aus dem ihnen kein anderer Mensch wieder heraushelfen kann.

Sie haben aus dem Munde des Herrn Dr. Zetti gehört, dass vieles passiert ist und dass Ärzte tatsächlich nicht in der Lage sind, alle Menschen oder überhaupt Menschen von ihrem Leid zu befreien. Ich möchte überhaupt nichts, sondern für diese Worte lieber Taten sehen lassen.

Zu Anfang habe ich schon verlangt: Lassen Sie mir diese kranken Menschen, denen Sie nicht mehr helfen können, die Sie bereits abgeschrieben haben. Gerade hier sind es immer diese Menschen gewesen, die tatsächlich am ersten die Heilung empfangen konnten. Anders sieht es da aus, wo Menschen sich tatsächlich auf die Ärzte verlassen haben. Sie können ruhig von mir aus weiter hingehen, ich will niemandem im Wege stehen. Ich habe die Worte gebraucht, ich will „niemandem das Butterbrot wegnehmen". Nein, ich gebe ihnen sogar noch etwas drauf. Auf der anderen Seite habe ich immer wieder gesagt, dass 70.000 Ärzte noch viel zu wenig sind, um alle Menschen gesund zu wissen. Alle sollen sie helfen, auch Sie vonseiten der Presse, indem Sie die Wahrheit schreiben. Wie wir dies überhaupt zustande bringen werden, darüber können wir uns nach Schluss noch etwas näher unterhalten.

Man kann hinsehen wo man will, auf der einen Seite hört man Gutes, und auf der anderen Seite hört man Schlechtes, und zwar ist es bisher immer der Fall gewesen, dass es hier die Presse war. Deswegen, meine lieben Anwesenden, will ich mich mit Ihnen nicht erzürnen, ich will nichts Schlechtes, ich will nur das Gute; ich will in bestem Einvernehmen mit Ihnen zusammenarbeiten, weil ich weiß, Sie alle können dazu beitragen.

Es ist nun einmal keine menschliche, sondern eine rein göttliche Kraft, mit der ich lebe und auch sterbe.

Mein Auftrag, mein Ziel geht darauf hinaus, Menschen zu helfen, Menschen zu heilen. Ich frage nicht nach Religion und Nation. Mir ist jeder Mensch recht, der sich auf dem Wege befindet, den Glauben wieder in sich aufzunehmen oder der den Glauben an unseren Herrgott schon in sich hat. Ihm wird auch die Hilfe zuteil werden. Wer sich aber hiergegen stellt, dem wird diese Hilfe niemals zuteil werden. Es gibt Menschen, die es nicht verstehen können, einmal aus Dummheit, zum andern aber ist es tatsächlich so, dass sie dieses nicht in sich aufnehmen können oder dass sie gar das schmutzige Leben vorziehen. Diese Menschen verachte ich, verachte ich solange, bis sie den Weg, den Weg zu unserem Herrgott wieder gefunden haben. Und deswegen muss es so sein, dass wir von Mensch zu Mensch sprechen können und jedem Menschen die Wahrheit auftischen.

Sie sehen hier, gleich wo ich mich befinde, ich bin jetzt von Sonntag bis heute Nacht unterwegs gewesen. Gleich wo wir gingen, fuhren, standen, überall Menschen, die Hilfe, Heilung suchen am laufenden Band. Mir tut es bis in die Seele leid, wenn ich dann immer wieder das eine Wörtchen vor mir sehe: Verbot! Wie mir da zumute sein muss und gewesen ist, brauche ich wohl nicht zu erwähnen. Dies können nur meine engsten Mitarbeiter verstehen.

Sie brauchen nicht zu mir zu kommen und Beweise verlangen, das habe ich nicht nötig, das brauche ich nicht. Sie liegen in der Heilung schon drin. Ebenso denke ich gar nicht daran, mich der Wissenschaft oder der Medizin zu stellen und prüfen zu lassen.

Ich habe nichts unversucht gelassen, auf jede Art und Weise Menschen zu helfen. Ich habe zu Anfang in Herford drei Professoren gesprochen und sie gebeten, doch hierfür Verständnis aufzubringen, Menschen zu helfen und Menschen zu heilen. Möglich ist es nur, miteinander und nicht gegeneinander zu arbeiten.

Und so habe ich mir vorgenommen, dass ich einzelne Ärzte an meine Seite nehme, damit diese die Voruntersuchung von medizinischer Seite vollziehen. Auch dieses wurde abgelehnt. Warum? Weil man ganz offensichtlich glaubte, ich wäre ein Mensch, der sich auf diese Art und Weise Geld verdienen will und diesen Menschen das Butterbrot wegnehmen möchte.

Dies ist nicht der Fall. Ich bin ein armer Mann gewesen an Geld und will auch ein armer Mann an Geld mein Leben bleiben. Aber meine Kraft, das heißt diese Kraft, wie ich sie besitze, will ich nicht verlieren. Alles will ich verlieren, auch das letzte Hemd, aber diese Kraft, dieses Wissen und Können soll jedem Menschen zuteil werden, soweit er sich selbst zu den Menschen zählt.

Ich habe nichts unversucht gelassen, indem ich mich der Wissenschaft und Medizin gestellt habe in Heidelberg. Dort ist so vieles passiert, dass die Ärzte sagen mussten: „Wir stehen Kopf!" Ich habe nichts unversucht gelassen, alle Schwierigkeiten zu beseitigen. Diese müssen einmal aufhören, und deshalb habe ich mich fest entschlossen, in Bayern den letzten Stoß, den letzten Schuss zu tun. Gibt man mir den Weg, Menschen zu helfen und zu heilen, frei, dann bleibe ich in Deutschland vorerst. Gibt man mir den Weg nicht frei, dann bin ich auf dem schnellsten Wege verschwunden. Ich habe gesagt, ich frage nicht nach der Religion, nicht nach der Nation, jeder Mensch ist mir gleich, und deswegen, ich kann nicht ohne Arbeit sein, ich kann es nicht immer wieder sehen, dass ich Menschen vertrösten muss von einem Tag auf den andern: Warten Sie auf den Tag, warten Sie auf die Stunde, bis mir dieses Wörtchen „Verbot" von den Augen genommen wird, dass ich Ihnen tatsächlich helfen kann. Trotz Verbot, trotz des strengsten Verbotes, sind viele Heilungen vollzogen, ohne dass ich von einer Heilung gesprochen habe. Tatsächlich ist es so, dass Menschen, die sich in meiner Nähe befinden und die es wert sind, dass ihnen geholfen wird, die Hilfe dann schon erhalten. Es ist schon vieles passiert, viel mehr, als ein Mensch überhaupt denken kann. Wenn ich Ihnen von alledem zu wissen gäbe, wären Sie heute nicht in der Lage, dies alles aufzunehmen. Ich bitte Sie deshalb, das zu verwerten, was Sie so nebenbei an Tatsachen und Berichten von mir bekommen. Außerdem steht Ihnen frei, diesen Kranken nachzugehen, allem nachzuforschen, nicht, um dieses zu unterdrücken, nein, im Gegenteil, um zu helfen, um alle Menschen aufzuklären.

Und deshalb habe ich mich entschlossen, jetzt mit Presse, Rundfunk und Film zusammenzuarbeiten, um der Menschheit eine richtige Aufklärung zu geben, wie sie sich zu verhalten hat und überhaupt, worum es geht. Es geht nicht darum, dass Menschen glauben, wenn sie viel Geld besitzen, können sie sich die Gesundheit erkaufen. Nein! Ich habe bis zum heutigen Tage noch kein Geld entgegengenommen.

Wenn es Ihnen Spaß macht, bitte kommen Sie alle in meine Nähe und beobachten Sie mich, wovon ich lebe. Ich bekomme so viel spendiert, gleich wo ich hinkomme. Ich brauche weder Geld noch sonst was. Ich komme überall durch, wenn ich das nur haben will. Aber ich lehne auch dieses ab.

Mancher zerbricht sich den Kopf: Unmöglich ohne Essen und ohne Schlaf zu leben. Ob das möglich und wie weit das möglich ist, können Ihnen Herr und Frau Hülsmann bestätigen. Beide haben sich ebenfalls der Sache verschrieben, indem sie ihre Wirtschaft, ihr Haus, ihr Hab und Gut liegen ließen.

Man spricht von einem Medium. Was das ist, wird Ihnen bekannt sein. Ich habe es bisher nicht gewusst. Ich bin nicht belesen und auch nicht von Menschen belehrt, ich bin meinen eigenen Weg gegangen. Von einem Medium ist hier keine Rede. Für dieses Wort „Medium" müsste tatsächlich ein anderes Wort gefunden werden. Ein Medium ist das, wenn ich einen Menschen in einen Trance-Zustand versetzen würde. Nein, meine Kraft ist anderer Art, es ist eine Kraft, wie Sie sie als Mensch noch nicht erlebt haben. Und gerade deshalb, weil Sie alle unwissend waren, aber nicht unwissend bleiben sollen, will ich Sie überzeugen. Nicht hier an Ort und Stelle, aber von Zeit zu Zeit.

Ich helfe und heile alle Menschen. Blinde sehen, Krüppel gehen. So könnte ich Ihnen heute schon Hunderte ehemaliger Blinder aufzählen. Krüppel, gelähmte Menschen, die schon Jahrzehnte nicht gehen konnten, können heute wieder gehen. Holen Sie mir einen Menschen, der ebenfalls in der Lage ist, derartiges zu tun, wie ich es bereits getan habe.

Ich bin noch zu viel, viel mehr in der Lage, aber ich möchte Ihnen tatsächlich nicht zu viel geben, sonst würde das nachher durcheinandergehen.

Diagnose stellen: Ich bediente mich dieses Wortes „Diagnose", wozu ich eigentlich keine Berechtigung habe. Ich bin kein Arzt und auch kein Wunderdoktor. Ich bin der kleine Gröning und bleibe es auch. Diagnose stellen: Ich will Ihnen nur ganz kurz zu wissen geben, dass ich den Menschen selbst nicht vor Augen zu haben brauche, wenn ich eine solche stelle. Es kann einer wie der andere kommen und um Hilfe bitten für seine Angehörigen, Bekannten oder Verwandten, gleich wo er sich befindet. Ich frage nicht nach Namen, Land oder Ort, ich frage nicht nach der Krankheit. Nein, nichts will ich wissen, unwissend will ich gelassen werden. Und ich stelle jedem Menschen die genaue Diagnose, ob der Mensch bei mir ist oder nicht, ob ich weiß, wer er ist oder nicht. Eine Diagnose stimmt haargenau wie die andere, und zu all dem kann ich dem Menschen noch sagen, was für ein Leben er geführt hat, wie er veranlagt ist, also mit allem Drum und Dran, (Analyse nennt sich das wohl.) Vergangenheit, Gegenwart und auch die Zukunft. Ich bin auch in der Lage, Menschen, die schon Jahrhunderte tot sind, genauestens nachzugehen, woran sie gestorben sind, soweit eine Chronik vorhanden ist. Ich bin auch in der Lage, Ihnen heute schon sagen zu können, was morgen und übermorgen geschieht.

Die Heilung als solche ist das Geringste, das Wenigste und das Leichteste für mich, und zwar 5 Prozent von meinem Wissen und Können. Ich sage heute zu den Kranken: Sie haben diese und jene

Krankheit gehabt. Und genauso ist das ausgegangen. Wenn der kleine Gröning einmal verschwindet oder verschwinden muss, dann können Sie nachher von sich aus sagen: „Wir haben den Gröning gehabt."

Schneider Mosel, München: Ich wurde gestern Abend spät zu Herrn Gröning gerufen, er hatte einen Anzug bei mir bestellt. Ich benutzte die Gelegenheit, ihn über mein Kind zu fragen. Ich wollte ihm Verschiedenes erzählen, aber er antwortete: „Bitte, sagen Sie mir gar nichts, ich werde Ihnen die Diagnose Ihres Sohnes von Geburt an stellen." Und Herr Gröning hat mir dann erklärt, wie das Kind geboren ist, was es mitgemacht hat, was es jetzt zurzeit noch leidet, an welchen Stellen das Kind immer mit der Hand streicht, was da ist. Und er hat mir versprochen, dass er vorbei käme und den Jungen heilen würde.

Dann sagte er: „Sie haben doch einen Verwandten, weit, weit weg von hier." Ich sage: „Ja, mein Bruder, der ist noch in russischer Gefangenschaft." Gröning: „Will ich gar nicht wissen, ich will ihm nur die Diagnose stellen. Er hat schon von Kind an immer Magenschmerzen und starke Kopfschmerzen. Auf dem linken Auge kann er schlecht sehen."

Stimmt alles. Weiter sagte Gröning zu mir: „Sie selber sind aber auch schlecht beieinander. Sie haben kolossale Herzschmerzen, ebenso Herzlähmungen."

Dies stimmt. 1942 bin ich zwei Monate lang (jeden zweiten Tag) mit Strophantin Spritzen behandelt worden, dann 1944 drei Monate lang jeden Tag eine Spritze. Außerdem litt ich an kolossaler Atemnot. (Spritzen durch Oberarzt Dr. X.) Gröning gab mir ein Silberpapier in die Hand und wies mich an, die Treppe hinaufzulaufen. Ich lief schnell hinauf, bis ganz oben, und spürte

60

nichts. Ich war direkt perplex. Ein bisschen Herzklopfen noch, und im Nu war auch das Weg. Dann bin ich aus lauter Freude die Stiege hinauf- und hinuntergelaufen, mehrmals und spürte keine Beschwerden. Herzschmerzen, Herzklopfen, alles war vollkommen weg. Ich bin jetzt vollkommen von meiner Krankheit frei und bitte Herrn Gröning, dies auch meinem Sohn zuteil werden zu lassen.

Bruno Gröning: Was der kleine Gröning tut und lässt, bekommen Sie am laufenden Band zu hören, und wenn Sie noch Näheres darüber hören wollen, so bin ich immer von Menschen umgeben, die mich beobachten können.

Was diesen Artikel anbetrifft, „Gröning in einer Bar", so gebe ich Ihnen zu wissen, dass Herr Harwart mich eingeladen hat, Herr Harwart, der nicht nur mir, sondern den Kranken Menschen entgegenkommt, indem er seine Räume allen Menschen, die Hilfe suchen, zur Verfügung stellt. Und ich wäre ein Schuft gewesen, der Einladung in sein Haus, wo sich eine Bar befindet, nicht Folge zu leisten. Wie ich mich dort bewegt habe, hat jeder zu sehen bekommen. Ich habe hiervon auch zwei Aufnahmen machen lassen, damit das nicht entstellt werden kann. Es ist schmutzig, dass man hierüber so etwas schreibt und die Menschen, die Hilfe suchen, irreführt, indem man alles in ein schlechtes Licht stellt.

Ich gebe Ihnen zu wissen, dass ich es heute nicht mehr wage, wenn ich zu Menschen komme, etwas zu essen, was man mir anbietet. Ich habe Kuchen sehr gern gegessen früher, aber seit es in Hamburg einer dieser Zeitungsschreiber gewagt hat, mir dieses Stückchen in die Öffentlichkeit hinauszutragen, ist mir der Appetit vergangen.

Ich kann genauso leben wie Sie, ich will mich von Ihnen nicht unterscheiden. Aber ich kann auch ohne das leben. Und Kuchen steht mir seit dieser Zeit bis hier oben. Ich darf überhaupt nichts mehr tun und lassen. Ich tue nur Gutes für die Menschheit und doch wird mir alles übel genommen. Schon steht ein großer Artikel in der Zeitung, wenn ich von einem kranken Kind ein Stück Kuchen angeboten bekomme.

Es ist nicht richtig, dass Sie sich hiermit beschäftigen. Ich möchte auch mal ein bisschen spazieren gehen. Ich darf das nicht mehr. Ich bin trotz meiner Güte ein gefangener Mensch, ein Mensch, der um seine Freiheit kommt und nichts mehr genießen kann, weil er überall von Menschen umzingelt wird. Jeder braucht Hilfe, jeder braucht Heilung. Ich nehme es Ihnen auch nicht übel. Ich lebe für die Menschheit, um den Menschen zu helfen und sie zu heilen.

Weiland: (*Vorher blind, in Heidelberg geheilt, sprach über seine Heilung und verschiedene andere Heilungen (Fernheilungen), die er erlebt hat.*)

Dr. Rödel: Herr Gröning hat auch mich gebeten, Ihnen ganz kurz meine heutigen Erfahrungen zu schildern. Ein Fall, den ich mit eigenen Augen sah:

Es sitzt eine Patientin da, die offensichtlich an Schwindelgefühlen leidet, einen steifen Hals hat und nicht gerade stehen kann, und wenn sie geht, hat sie offensichtliche Gleichgewichtsstörung. Diese Patientin sitzt vor mir, und neben mir sitzt Herr Gröning. Herr Gröning spricht mit ihr, unterhält sich dann mit uns über alle möglichen Sachen. Eine Viertelstunde später erscheint eine Sekretärin mit einem Block und sagt nun der betreffenden Patientin genau, welche Schmerzen sie hat, an welchen Stellen, kurz und gut eine ganze Krankengeschichte, wie wir sie normalerweise in zwei oder drei Tagen Aufenthalt in einem Krankenhaus erhalten.

Ich habe Herrn Gröning gefragt: Wie kommt diese Sekretärin, die im Nebenraum gesessen hat, zu dieser Krankengeschichte!

Während Herr Gröning mit uns gesprochen hat, hat er gleichzeitig offenbar diktiert, allerdings nur im Geiste diktiert, ohne dass er im Nebenraum bei der Sekretärin gesessen hat. Er hat eine Krankengeschichte diktiert, unter genauer Angabe der Stellen des Körpers, der Schmerzen usw., obwohl uns diese Kranke nicht gesagt hatte, was ihr fehlte, sondern nur still dagesessen hatte. Und es stimmte alles genau, was in dieser Krankengeschichte geschildert war.

Ich habe Herrn Gröning gefragt: Wie ist das möglich? Ich kann mir das mit meiner Vernunft nicht ohne Weiteres erklären. Ich kann Ihnen aber sagen, dass ich selbst an dieser Sache teilgenommen habe und eigentlich gegen meinen Willen feststellen musste, dass Gröning praktisch in der Lage ist, einer Person gegenüber, die von ihrer Krankheit nichts erzählt hat, genau festzustellen, was ihr fehlt. Wir alle, auch wir Laien, stehen auf dem Standpunkt, dass man einem Menschen doch nur dann helfen kann, wenn man weiß, wo die Fehlerquelle, der Herd des Unheils sitzt, den man be-seitigen muss. Gröning hat in dieser Hinsicht tatsächlich die Fähigkeit, das alles wirklich festzustellen. Die Kranke hat bei jedem Satz dieser Ferndiagnose bestätigt: „Ja, genauso ist es, tatsächlich, alle diese Angaben entsprechen vollkommen der Wirk-lichkeit!"

Gröning hat tatsächlich Fähigkeiten, die wir normal nicht besitzen, die vielleicht auch ein normaler Mediziner, der eifrig seinem Studium nachgegangen ist, nicht besitzt. Er kann offensichtlich Feststellungen treffen, die eben nur aufgrund einer bestimmten Kraft, die ihm innewohnt, möglich sind. Ich habe dann auch gesehen, dass nach diesen Feststellungen diese Kranke tatsächlich sofort eine Besserung gespürt hat. Ich habe mit eigenen Augen gesehen, dass sie aufgestanden ist, hin- und hergegangen ist und gesagt hat: „Ich kann es nicht glauben, ich kann gehen, ich habe kein Schwindelgefühl, ich bin in Ordnung!"

Ich sage das, damit Sie sehen, dass auch jemand, der Herrn Gröning etwas skeptisch gegenübergestanden hat, sich packen lässt und einsieht, dass Herr Gröning Kräfte hat, die tatsächlich geeignet sind, anderen zu helfen. Und ich würde Sie bitten, machen Sie aus diesem Mann keinen Wunderdoktor, der Tote auferwecken kann. Aber schicken Sie ihm die Kranken, denen er helfen kann, und ich glaube, dass es Kranke sind, die vor allem in sich selbst Kraft finden müssen, ihre Krankheit zu beseitigen und die mit Hilfe von Gröning diese Kraft gewinnen.

Bruno Gröning: Es wurde hier der Wunsch geäußert, ich sollte doch, um besser überzeugen zu können, hier Heilungen vollziehen. Ich freue mich, dass dieser Punkt angeschnitten wurde. Hierauf meine Antwort:

Ich gebe Ihnen zu wissen, dass ich es nicht für nötig halte, es auch nie für nötig gehalten habe, Menschen, die überzeugt werden wollen, diesen Wunsch zu erfüllen. Ich gebe Ihnen zu wissen, dass ich mich verpflichtet fühle, Menschen zu helfen und zu heilen. In dieser Hilfe und Heilung liegen die Beweise. Ich sage nach wie vor: Wer Misstrauen hat, der braucht nicht zu mir zu kommen. Da Sie ja alle größtenteils von der Presse sind, wollen Sie überzeugt sein. Und deswegen habe ich schon gesagt, gehen Sie den Heilungen nach. Ich gebe keine Beweise, und das können Sie mir nicht übel nehmen. Der Mensch hat ja gar keine Berechtigung, zu fragen oder Beweise von mir zu verlangen. Helfen und heilen – jeden, aber Beweise keinem ...

Anschließend schildert Dr. Zetti mehrere von ihm erlebte Fernheilungen seiner Patienten, die gesund wurden (ohne dabei zu sein,) während Dr. Zetti mit Gröning sprach.

Bruno Gröning: Damit es nicht in Vergessenheit gerät: Ich hatte vorhin das Wörtchen „Medium" angeschnitten. Dieser Ausdruck ist verfehlt, es müsste hier ein besonderes Wort gefunden werden (meinetwegen „Grönium"). Das Wort Medium möchte ich in der Zeitung nicht mehr lesen.

Anschließend berichten Geheilte, dann spricht wieder Gröning:

„Gröning-Sessel", wie man eben sagte: Viele Menschen haben versucht, in diesem Sessel Heilung zu finden, viele Menschen haben die auch erhalten. Meine letzten Worte waren, als ich Herford verließ: „Diese beiden Sessel heilen, sowie einer eine Heilung braucht."

Ich bitte Sie aber, davon nicht Gebrauch zu machen und nicht nach Herford zu fahren. Ich lasse diese Sessel hierher kommen. Sie setzen sich ein paar Minuten rein und es geschieht, was geschehen soll.

Die Menschen sagen immer: „Herr Gröning, ich danke Ihnen!" Ich will keinen Dank haben. Zu Dank sind Sie nur allein unserem Herrgott verpflichtet, Ihr ganzes Leben lang.

In einer Zeitung habe ich gelesen, dass man in München am Bahnhof sogenannte „Gröning-Kugeln" verkauft auf dem schwarzen Markt. Ich bitte in Ihrer Zeitung zu veröffentlichen, dass diese Kugel nichts Gutes bringen kann. Weil man Geschäfte mit dieser

Kugel machen will, ist es ein teuflisches Werk, und dieses teuflische Werk kann einem Menschen nie etwas Gutes bringen. Wenn einer eine Kugel erhält, so kann er sie nur aus meiner Hand erhalten und nicht anders. Ich habe noch mehr solcher verschiedener Dinge. Aber diese Kugel ist gerade hier in München soweit gekommen, dass Menschen nichts unversucht lassen, damit Geld zu verdienen. Ich tue alles umsonst, ich verlange von keinem Menschen etwas. Was ich verlange, das ist allein der Glaube, der Glaube an unseren Herrgott, den jeder Mensch sein ganzes Leben lang tragen soll. Da ist die Hilfe nicht weit, da geht er ihr entgegen, und damit hat er alles.

Ich lasse einige von diesen Kügelchen kommen, aber bitte, schlagen Sie sich nicht darum. Einzelne wenige kann ich Ihnen geben. Sobald Sie dieses Kügelchen erhalten haben, beobachten Sie bitte dann Ihren Körper, was da vor sich geht. Denken Sie nicht an Ihr Leiden, an Ihre Krankheit, sondern stellen Sie sich nur die eine Frage: „Was geht in meinem Körper vor?" Und das ist alles. Und wem die Hilfe zuteil geworden ist, der soll dem Herrgott dafür danken, nicht dem kleinen Gröning. Ich bin nichts, unser Herrgott ist alles.

Meine Aufgaben liegen da, Menschen zu helfen und zu heilen, nicht mit dem Mund, sondern mit Taten. Deswegen habe ich mir erlaubt, mir hier in München einen Anwalt zu nehmen, der meine und Ihre Rechte zu vertreten weiß und Ihnen hier aber auch Auskunft geben kann. Ich selbst habe bisher keine Fragen beantwortet. Ich denke nicht daran, nach wie vor, einem Menschen, der etwas von mir verlangt, das so zu geben. Ich selbst habe nicht das Recht, ein anderer Mensch hat es aber auch nicht. Ich nehme ja diese Kraft nicht von den Menschen, sondern es ist tatsächlich eine ausgesprochen göttliche Kraft. Ich unterstelle mich auch sonst nicht einem menschlichen Gesetz, mein Gesetz bleibt das rein göttliche.

Und deswegen habe ich mir einen Anwalt genommen, der Ihnen allen als Mensch entgegentritt, d. h. dass er Ihre Rechte und Ihre Wünsche wahrnimmt.

Wenn Fragen gestellt werden, werde ich sie von Zeit zu Zeit beantworten, soweit ich es für angebracht halte.

Wenn Sie mit dem Wunsch hierher gekommen sind, nicht nur für Ihre Zeitung zu schreiben, sondern sich auch gleichzeitig Ihre Krankheit abnehmen zu lassen, so wird Ihnen die Hilfe auch schon zuteil werden.

Um Ihren Wünsche nachzukommen, gewahre ich Ihnen einzelne Fragen. Aber ich mache Sie nochmals darauf aufmerksam, dass ich sie nicht alle beantworten werde.

Frage: Wie ist Ihre Kugel zu behandeln?

Bruno Gröning: Die Kugel ist in der rechten Hand zu halten. Niemals einen anderen berühren lassen! Die Kugel ist ein Stück von mir, aus meiner Hand, das Ihnen die Gesundheit vermittelt bzw. die Gesundheit gibt. Zu Hause auf dem Stuhl geschieht auch dasselbe: Rücken frei, Hände auf Oberschenkel, Kugel in der rechten Hand. Denken Sie dabei nicht an Ihr Leiden, sondern stellen Sie sich nur die eine Frage: „Was geht in meinem Köper vor?"

Frage: Und wenn die Kugel für einen anderen bestimmt ist?

Bruno Gröning: Dann ist sie für den anderen bestimmt.

Frage: Und wenn das Kind die Kugel nicht nehmen will?

Bruno Gröning: Eltern oder Angehörigen sollen die Kugel bei dem Kind ins Bett legen.

Kirmeyer (*spricht, ohne aufgefordert zu sein*:) Was in der Presse bisher nicht zum Vorschein gekommen ist, nämlich dass unser Bruder Gröning immer betont „nur durch die Kraft Gottes", das vermisse ich in der Presse. Lauter Sensationen, das geht nicht mehr so weiter. Wir stehen auf der Kippe. Hier Glaube und hier Unglaube. Hier Gesundheit, hier Krankheit. Wenn wir in drei Jahren die Welle des Glaubens, für die Gröning uns die Hilfe gibt, nicht hochgebracht haben, dann gehen wir unter, und dann ist es auch mit Recht, wenn wir uns nicht endlich daran erinnern, dass wir ein christliches Volk sind. Wo bleiben die christlichen Taten? Wenn ein christlicher Bruder wie Gröning uns die Hilfe anbietet und christliche Menschen verbieten die Hilfe, was würde Christus dann tun? Es ist dieselbe Situation! Christus ging wieder in den Himmel.

Wir einfachen Staatsbürger sind nicht mehr bereit, eine Regierung anzuerkennen, die nicht die Gebote Christi beachtet. Wir wollen als Christen leben und als Christen wirken.

(*Presse protestiert*)

Es kommt in der Presse nicht zum Vorschein, und ich sage, dass die Presse die Aufgabe hat, die Wahrheit zu sprechen. Die Presse hat die Aufgabe zu sagen, dass Gröning im Namen Gottes handelt.

Bruno Gröning: Ich danke Ihnen für Ihre Worte, sie sind mir aus dem Herzen gesprochen. Ich weiß, ich hätte viel, viel mehr sagen müssen, aber leider reicht die Zeit nicht aus, um hier noch viele Worte zu machen. Ich hoffe aber, dass Sie aus meinen wenigen

Worten einen Begriff bekommen haben, warum ich dastehe, um der Menschheit zu helfen und sie zu heilen.

Ich habe gesagt, dass die Presse hier sehr wichtig ist, dass sie nicht wegzudenken ist. Ich weiß, in Bayern hat man mir das Beste entgegengebracht, wenn auch auf der andern Seite ein kleiner Wirrwarr entstanden ist. Aber mein Wunsch bleibt es, mit allen im besten Einvernehmen zu arbeiten. Ich bleibe der einfache und schlichte Gröning. Aber auf der anderen Seite bin ich doch stolz, stolz darauf, dass ich bis zum heutigen Tage meinem größten Todfeind immer das Allerbeste gewünscht habe. Nicht Gleiches mit Gleichem vergelten. Wenn der eine böse ist, muss der andere ihm gut entgegenkommen. Ich beachte den ungläubigen Menschen nicht, aber auf der anderen Seite doch, indem ich sage, solange er nicht zu der Erkenntnis gekommen ist, dass diese Sache doch etwas anderes ist als er sich gedacht hat, lasse ich ihn nicht beiseite stehen. Aber wenn ihm das Empfinden in Leib und Seele aufgegangen ist, „Ich habe doch viel Schlechtes getan", dann hat er schon viel gewonnen.

Zwischenfrage: Glauben Sie, auf dem Höhepunkt Ihrer Kraft angekommen zu sein?

Bruno Gröning: Darüber gebe ich keine Auskunft.

Frage: In der Bevölkerung besteht zum Teil die Meinung, dass die Krankheiten nach einer bestimmten Zeit wieder zum Ausbruch kommen.

Bruno Gröning: Das ist daher gekommen, zum Beispiel in Westfalen, dass Menschen, die auf dem besten Wege der Gesundung waren, wieder abgefallen sind, indem einzelne Zeitungen sich erdreistet haben, Schmutzigkeiten zu schreiben, die sie nicht verantworten konnten. Ich möchte dies nicht nachprüfen, ich möchte heute endlich einmal einen dicken Strich darunter setzen und alle Menschen der Presse bitten, von jetzt ab die Wahrheit zu schreiben. Denn wenn der Kranke Derartiges zu lesen bekommt, muss er zurückfallen, indem er sagt: „Wem bin ich verfallen, einem Schwindler, er hat mich ja betrogen, er hat mich ja nicht geheilt!" Er verfällt in ein neues seelisches Leid und bekommt tatsächlich sein Leiden wieder. Hier liegt auf Seiten der Presse die Verantwortung!

Astrologen, Hellseher, Kartenleger versuchen Prophezeiungen herauszugeben. (Ich lese solche Blätter nicht.) Und schreiben, er lebt nur so und so lange, ihm wird das und das zustoßen. Ich sage, einen größeren Quatsch können sie nicht schreiben, und das hat sich auch bewahrheitet. Dieses ist einmalig. Ich habe keine menschliche Lehre angenommen, ich bin nicht belesen, das heißt, was Menschen ehemals geschrieben haben, dass ich das etwa in mir aufgenommen und jetzt vielleicht damit arbeiten will, nein. Ich bin allein als einzelner Mensch, als Sonderling durchs Leben gegangen und habe keine menschliche Lehre angenommen.

Frage: Welche religiöse Einstellung haben Sie?

Bruno Gröning: Ich frage keinen Menschen nach Religion und Nation. Alle sind sie Menschen, alle Kinder Gottes. Ich bin wohl katholisch getauft und verleugne nicht meinen katholischen Glauben. Aber deswegen kann ich nicht sagen, wer ein Protestant ist, oder wer einer Sekte angehört, den stelle ich beiseite. Nein, das geht nicht. Ich habe einen festen Glauben an unseren Herrgott, mit dem habe ich gelebt, von dem habe ich die Kraft, mit dem werde ich weiterleben, mit ihm allein bin ich in der Lage, Menschen zu helfen, Menschen zu heilen. Auch Tiere. Allem, was die Natur aufweist, womit der Herrgott uns beschenkt, bin ich in der Lage, zu helfen und zu heilen.

Frage: Können Sie uns bestimmte Krankheitsgruppen sagen, die von Ihnen geheilt werden?

Bruno Gröning: Nein.

Frage: Organische Krankheiten?

Bruno Gröning: Das überlasse ich Ihnen selbst, und sie werden an den einzelnen kranken Menschen feststellen, dass sie ein Leiden gehabt haben.

Frage: Sind Sie sich Ihrer Heilkraft eines Tages ganz plötzlich bewusst geworden?

Bruno Gröning: Das greift bereits zu weit. Über alle Punkte Auskunft hier zu geben, würde zu weit führen. Es gibt bereits Broschüren.

Quelle:

Archiv Bruno Gröning Stiftung

„Sie alle suchen schon jahrelang nach Hilfe."

Rede von Bruno Gröning, Traberhof bei Rosenheim, 31. August 1949, abends

Hinweis

Dies ist eine Abschrift der stenografisch protokollierten Rede von Bruno Gröning, die er am 31. August 1949 abends auf dem Traberhof bei Rosenheim gehalten hat.

Meine lieben Mitmenschen! Meine Schwestern, meine Brüder!

Sie alle suchen schon jahrelang nach Hilfe. Sie alle suchen schon jahrelang nach Ihrer Gesundheit, die Sie bereits vor Jahren verloren. Ich weiß, wie hier und überall sich Menschen gefunden haben, gleich wo ich gehe, gleich wo ich stehe, überall dasselbe Bild. Jeder sucht Hilfe, jeder sucht Heilung. Ich will nicht damit gesagt haben, dass die Ärzte, die vielleicht alles daran gesetzt haben, Ihnen zu helfen, schlecht wären, weil sie zu der Hilfe nicht in der Lage waren. Nein. Der Arzt hat auch sein Bestes hergegeben, Ihnen zu helfen. Es ist aber den Ärzten nicht gegeben, allen die Hilfe zu bringen, die sie erwarten. Eines aber muss gesagt werden, dass der einzige Arzt, der Arzt aller Menschen allein nur unser Herrgott ist!

(Starker Beifall)

Der Mensch ging vor Jahrhunderten den Weg ab von der Natur, von dem Glauben an unseren Herrgott. Jeder glaubte, sich allein behaupten zu können. „Jetzt sind wir auf dieser Erde, jetzt richten wir uns ein, wie wir das wollen, und wir werden uns schon zu helfen wissen", glaubte jeder. Aber ich gebe Ihnen zu wissen, dass niemandem geholfen werden kann ohne unseren Herrgott. Er allein ist und bleibt unser Vater, er allein ist und bleibt der größte Arzt aller Menschen!

(*Starker Beifall*)

Und wer glaubt, sich der Natur, die der Herrgott hier so schön für uns Menschen geschaffen hat, zu entziehen, der soll gehen, wohin er will. Man hat geglaubt, einer könnte sich vom anderen unterscheiden, indem er der Natur den Rücken kehrt und die Stufen der Kultur besteigt. Da liegt der Fehler, da liegt alles, das ist es, was dem Menschen fehlt: Die Natur! Zurück zur Natur! Zurück zu unserem Herrgott, zurück zum Glauben an den Herrgott und zum Glauben an das Gute im Menschen! Ich selbst frage nicht, welcher Religion, welcher Nation der Einzelne angehört. Hauptsache ist, er trägt den Herrgott im Herzen. Wer aber den Glauben verloren hat und die Hilfe Gottes haben will, der muss wieder den Weg zum Glauben an unseren Herrgott zurückfinden. Wer den Weg gefunden hat und glaubt, und wer sich verpflichtet fühlt, diesem Glauben genau nachzukommen, dem sei die Hilfe zuteil.

Ich habe jedem Menschen immer wieder zu wissen gegeben: Wer den Weg zu mir gefunden, der soll die Angst und vor allen Dingen das Geld zu Hause lassen. Was er mitzubringen hat, ist allein seine Krankheit und außerdem die Zeit, die Sie ja alle immer wieder am laufenden Band zu opfern gewusst haben. Jeder, der gewartet hat, weiß, dass er immer noch gesund geworden ist.

Auch muss ich Ihnen noch zu wissen geben, dass ich bis heute noch nicht im Besitz eines Schriftstückes bin, das mir die Genehmigung gibt, die Heilungen zu vollziehen. Von einer Heilung kann ich heute noch nicht sprechen, solange ich das nicht schwarz auf weiß habe. Aber ich darf mich mit Ihnen unterhalten. Ich freue mich, dass Sie den Weg hierher gefunden haben. Dass Sie Hilfe

73

brauchen, beweist das, dass Sie hier so geduldig warteten und dass Sie noch länger gewartet hätten, wenn ich nicht gekommen wäre. Bisher war es immer so, wo ich vor Menschen gestanden habe, dass trotz Verbot die Heilung doch vollzogen worden ist, ohne dass ich davon gesprochen habe. Jeder von Ihnen wird schon vieles verspürt haben.

Ich bitte Sie, davon Abstand zu nehmen, mir Ihre Leiden einzeln aufzuzählen. Sie brauchen mir von Ihren Leiden nichts zu erzählen. Ich bin imstande, Menschen das zu sagen, was sie haben, das heißt was sie an Krankheiten haben. Ich bin imstande, Ihnen noch viel mehr zu sagen, vielleicht auch das, woran Sie bisher noch gar nicht denken konnten. Deshalb bitte ich Sie, mich nicht zu belästigen, denn wenn jeder einzelne seine Leiden aufzählen würde, was würde das für Zeit brauchen und was würde das für ein Durcheinander geben. Ich hoffe, dass Sie mich verstanden haben und bitte Sie, nicht einzeln hier anzukommen.

Der eine oder andere von Ihnen glaubt, dass er hier an Ort und Stelle die Heilung gleich empfängt. Ich habe zuvor gesagt, von einer Heilung will ich hier nicht sprechen. Ich war nur mal ein bisschen neugierig und wollte wissen, was in Ihrem Körper vor sich geht.

Ich gebe Ihnen zu wissen, warum ich nach Bayern gekommen bin. Bayern ist der letzte Versuch, der letzte Stoß, den ich hier in Deutschland tue. Das heißt: Wenn man mir nicht die Genehmigung, nicht die Freiheit gibt, Menschen zu helfen und zu heilen, dann bin ich gezwungen, so leid es mir tut, ins Ausland zu gehen.

(*Laute Proteste*) Ich glaube nicht, dass Sie es so haben wollen.

(*Laute Rufe: „Das Volk will, dass Sie hier bleiben!"*)

Ich weiß, dass es Ihr aller Wunsch ist, dass ich hier in Deutschland bleibe.

(*Beifall*)

Ich habe es auch bereits allen Deutschen von Herford aus versprochen, in Deutschland so lange zu bleiben, bis ich auch das Letzte versucht habe, sodass ich das vor den Menschen verantworten kann. Man hat alles Mögliche versucht, mich unschädlich zu machen, damit ich nicht mehr in der Lage sein sollte, kranken Menschen zu helfen und sie zu heilen. Man glaubte immer nur, von sich selbst reden zu können. Ich habe in der damaligen Zeit Tausenden von Menschen geholfen und habe sie geheilt. Dies aber war ungültig für einzelne Menschen, die über Sie in Deutschland bestimmen wollen.

(*Zwischenrufe: „Das ist die Demokratie!"*)

Nein, das hat nichts mit Demokratie zu tun. Das sind einzelne Menschen, die glaubten, dass ich ihnen das Butterbrot nehmen wollte. Ich nehme niemandem das Brot, ich will Ihnen im Gegenteil noch etwas darauf geben. Denn Sie alle sollen leben, sogar gut leben. Aber es muss jeder dazu beitragen, dass jedem Menschen so bald wie möglich geholfen wird.

(*Zustimmende Zwischenrufe*)

Was ich den Deutschen versprochen habe, habe ich bis heute gehalten. An mir soll es nicht liegen. Ich tue meine Pflicht. Ich tue das, wozu ich mich verpflichtet fühle: Menschen zu helfen und zu heilen. Ich möchte Ihnen hier keinen großen Vortrag halten. Sie werden die Presse verfolgt haben, werden hier und dort schon etwas gehört haben, werden schon viel wissen, aber das Eigentliche wissen Sie nicht. Und das ist ja auch nicht ausschlaggebend, denn Sie sind ja nicht hergekommen, um große Vorträge zu hören, Sie sind hergekommen, damit Ihnen geholfen wird.

Ich gebe Ihnen zu wissen, dass ich das Ausland auch nicht verachte. Es sind alles Menschen, und jeder will, dass ihm geholfen wird. Ich bin aber nun mal ein Deutscher und befinde mich heute noch auf deutschem Boden. Ich fühle mich verpflichtet, erst mal hier zu helfen, wo ich stehe. Aber alle Menschen, die auf dieser großen göttlichen Erde leben, haben eine Berechtigung, genau dasselbe zu verlangen, was auch Sie haben. Jedem soll das Große und Gute, das Reichste, was es überhaupt gibt, zuteil werden. Nicht Reichtum an Geld, sondern Reichtum an Gesundheit! Und auch Ihnen soll diese Hilfe zuteil werden.

Ich gebe Ihnen von hier aus zu wissen, dass ich auf dem besten Wege bin, Heilstätten zu errichten, Heilstätten für das bayerische Volk und das übrige Volk, soweit es sich auf deutschem Boden befindet. Aber diese Heilstätten sind nicht solche Häuser, wie es bisher war, sind keine Krankenhäuser. Eines muss ich Ihnen gestehen, und das werden Sie mir auch bestätigen. Früher waren die Krankenhäuser teils voll besetzt, teils voll belegt. Heute kann man nicht mehr von Kranken- und Wohnhäusern sprechen, sondern heute gibt es nur noch Krankenhäuser! Denn in jedem Wohnhaus, wo Menschen glauben, sich wohl fühlen zu können, sind Kranke. Dieses aber muss einmal ein Ende haben, und deswegen sind wir auf dem allerbesten Wege, Abhilfe zu schaffen. Ich gebe Ihnen bekannt, dass viele Ärzte sich bereit erklärt haben, an diesem großen, göttlichen Werk mitzuarbeiten.

76

(*Beifall*)

Und ich würde es begrüßen, wenn Sie sich restlos ebenfalls dazu zur Verfügung stellten, damit Menschen geholfen und geheilt werden können. Dann hat das Elend nicht nur eines Volkes, sondern aller Völker, aller Menschen, mal ein Ende.

Das Wörtchen Egoismus ist Ihnen allen bekannt. Egoist soll der Mensch nur einmal im Leben sein, indem er das verlorene Gut, die Gesundheit, wieder in sich aufnimmt. Berechtigung und einen Anspruch hat nur der, die Gesundheit zu erhalten, der bereits den göttlichen Glauben in sich hat und mit ihm lebt. Auf der anderen Seite sind viele, viele Menschen, die vor Jahrzehnten den Glauben bereits verloren, jetzt aber bereit sind, ihn wieder in sich aufzunehmen und mit ihm zu leben. Auch denen sei die Hilfe zuteil!

(*Beifall*)

Bisher waren Hass und Neid, nicht nur unter den Deutschen, sondern unter allen Völkern der Erde. Auch dieses muss einmal ein Ende haben. Ein Ende hat es erst dann, wenn jeder den Weg zum Glauben zurückgefunden hat. Dann gibt es keine Gehässigkeiten unter Ihnen, unter den Völkern der Erde. Und der Weltfriede ist dadurch gesichert!

(*Beifall*)

Da Sie heute nun mal hier sind, konnte ich Sie nicht so davongehen lassen. Aber ich brauche Zeit, um diese Heilstätten zu errichten; muss hier und dort und überall sein. Wie es bisher war, ist es ein Ding der Unmöglichkeit, dass man das in einem so ungeregelten Zustand weiter ausführen kann. Wir denken nur einmal an den Winter! Es muss alles seinen geordneten Weg finden, seine

Richtigkeit haben, sodass es kein Durcheinander gibt. Und deswegen müssen Sie mir Zeit lassen, bis Derartiges geschehen ist, dass Heilstätten bereits vorhanden, bereits geschaffen sind. Für die nächsten Tage werde ich nicht hier sein. Ich bitte das Ihren Bekannten, Verwandten und Angehörigen mitzuteilen, dass sie abwarten sollen, bis sie in der Presse bzw. im Rundfunk etwas zu hören bekommen.

Sie alle sind bis heute noch so unwissend. Ich bin jetzt auf dem besten Wege, Ihnen genau zu wissen zu geben, wie das eigentlich vor sich geht, was jetzt ist und was noch kommen soll. Deswegen war hier heute eine Pressekonferenz einberufen, die auch zahlreich besucht war, und ich hoffe, dass Sie jetzt vonseiten der Presse nicht mehr solchen Kohl und Quatsch, wie es einzelne Zeitungen aufgetischt haben, zu lesen bekommen. Wir hoffen, dass wir der Presse jetzt nicht mehr mit Misstrauen zu begegnen brauchen, nein, auch ihr wollen wir Vertrauen entgegenbringen, soweit sie die Wahrheit bringt. Auf der anderen Seite bin ich auf dem besten Wege, einen Film drehen zu lassen, in dem Sie noch mehr zu sehen bekommen. Also, ich lasse nichts unversucht. Sie sollen aufgeklärt werden, damit Sie genauestens wissen, wie Sie sich zu verhalten haben. Ich gebe Ihnen zu wissen, dass Sie mir das größte Vertrauen entgegenbringen müssen und den Glauben an unseren Herrgott mehr stärken denn je!

Es ist Ihnen wohl nicht unbekannt, dass viele blinde Menschen schon das Augenlicht wieder zurückerhalten, und dass viele Gelähmte wieder gehen können. Ich sage: Blinde sehen und Krüppel gehen! Ich kann mich nicht mit Einzelnen unterhalten, denn sonst komme ich gar nicht durch. Ich sehe, ich höre und fühle alles. Sie alle sind nur so eingestellt, dass Sie an sich und Ihre

Angehörigen denken. Ich aber denke an Sie allein. Ich lebe für die Menschheit, um ihr zu helfen.

(*Beifall*)

Ich nehme mir nicht einmal die Zeit, einen Happen in Ruhe in den Mund zu stecken oder eines von den Hunderten von Angeboten anzunehmen, wo Menschen mir ein paar frohe Stunden bieten wollen. Nein, dies will ich auch nicht. Eines will ich, und davon gehe ich nicht ab, ich will Sie alle gesund und glücklich wissen!

(*Starker Beifall*)

Ich weiß, der eine und der andere von Ihnen glaubt jetzt, dass ihm an Ort und Stelle geholfen wird. Schon gut, das soll geschehen. Es soll nur der eine oder andere seine Krankheit nicht festhalten, nicht so stark daran denken, sondern locker lassen. Er soll fragen, was geht in meinem Körper vor. Solange er an seiner Krankheit festhält, habe ich keine Berechtigung daranzugehen.

Ich weiß, dass es überall dasselbe war, dass immer nachträglich die Bestätigungen vorgebracht wurden, indem es heißt: „Ich bin geheilt, ich habe die Hilfe, die Hilfe Gottes erhalten. Ich bin jetzt frei, ich bin froh, ich bin der glücklichste Mensch."

Und dasselbe werde ich auch jetzt von Ihnen zu hören bekommen. Auch hier wird dieses geschehen. Es wird vieles hier sein, ehe Sie diesen Platz verlassen. Geben Sie bitte selbst auf Ihren Körper Acht, was da vor sich geht. Versuchen Sie, Ihre steifen Glieder zu bewegen. Wenn Sie blind sind, schließen Sie einmal die Augen und öffnen sie wieder, da werden Sie feststellen, dass sich in Ihren Augen etwas bemerkbar macht. Ich kann nichts dafür. Soweit Sie hier angesprochen sind, soweit Sie die Berechtigung haben, die

Hilfe Gottes zu empfangen, so soll das geschehen im Namen
Gottes.

Quelle:
Archiv Bruno Gröning Stiftung

„Ich erlaube mir, Ihnen Herrn Polizeirat ... von der Grenzpolizei ... vorzustellen."

Rede von Bruno Gröning, Traberhof bei Rosenheim, 1. September 1949, mittags

Hinweis

Dies ist eine Abschrift der stenografisch protokollierten Rede von Bruno Gröning, die er am 1. September 1949, mittags, auf dem Traberhof bei Rosenheim gehalten hat.

Meine lieben Heilungssuchenden!

Ich erlaube mir, Ihnen Herrn Polizeirat ... von der Grenzpolizei ... vorzustellen. Er wird einige Worte zu Ihnen sprechen.

Polizeirat ...:

Ich bin seit etwa einer Stunde bei Herrn Gröning und hatte das Vergnügen, mich mit ihm zu unterhalten. Ich bin aus Dienstanlass hierher gekommen; nicht deswegen, weil ich ein Kranker bin, sondern aus rein dienstlichem Interesse wegen der großen Massenansammlungen, die hier stattfinden. Ich habe bei dieser Gelegenheit feststellen können, dass Herr Gröning Besitzer von Briefen geheilter Personen ist, die tatsächlich leidend waren. Ich hatte aber auch das Vergnügen, selbst mit Kranken zu sprechen, die mir bestätigten, dass sie von Herrn Gröning zum Teil ganz geheilt; zum Teil in der Heilung begriffen sind.

Bruno Gröning:

Meine lieben Heilungssuchenden!

Immer wieder werde ich von dem großen Leid bedrückt, in dem ich Sie laufend vor mir zu sehen bekomme. Sie alle suchen schon

Jahre, um Ihre Gesundheit wieder zu bekommen. Aber leider ist es heute noch nicht so weit, wie ich schon gestern Abend und immer wieder gesagt habe, dass ich im Besitz eines amtlichen Formulars bin; das heißt, dass man mir alles freistellt, um Sie alle reibungslos heilen zu können. Ich befinde mich auf dem allerbesten Wege, denn die Regierung von Oberbayern setzt alles daran, um mir den Weg, Ihnen zu helfen, freizumachen.

(*Großer Beifall*)

Wie weit es steht, kann ich Ihnen im Augenblick noch nicht sagen. Ich sollte heute Vormittag um 10:00 Uhr schon in München sein. Noch bin ich hier. Ich kann nicht darüber hinweggehen und Sie hier so ohne weiteres stehen lassen, ohne etwas zu sagen, und deswegen fühle ich mich verpflichtet, Ihnen dieses mitzuteilen.

Ich muss mich jetzt auf dem allerschnellsten Wege nach München begeben, um dort Näheres zu wissen zu bekommen, damit ich Ihnen dann die Mitteilung machen kann. Meine Absicht liegt ja darin, eine Heilung wie hier in diesem Zustand nicht zu vollziehen, sondern es soll geregelter vor sich gehen, und zwar wird Ihnen ja auch nicht ganz unbekannt sein, dass ich die Absicht habe, hier in Bayern Heilstätten zu errichten und dass dieses alles seinen geregelten Weg geht; nicht so wie hier. Ich möchte den einen oder anderen genauestens verfolgt haben, das heißt ihm nachgeben können, um zu wissen zu bekommen, wie weit die Heilung vonstatten gegangen ist und ob eine Gefahr besteht oder nicht. Hierzu haben sich schon viele Ärzte zur Verfügung gestellt, indem sie diese Vor- und Nachuntersuchung von sich aus in meinem Auftrag vornehmen wollen. Mein Grundsatz ist der: Das Volk soll erkennen, dass wir Menschen unter uns die Pflicht haben, uns gegenseitig zu helfen!

(*Beifall*)

Der alleinige Arzt, der Arzt aller Menschen ist und bleibt unser Herrgott!

(*Beifall*)

Und wer das Vertrauen zu mir und den Glauben an unseren Herrgott hat, dem steht die Hilfe nicht ferne, dem wird die Hilfe zuteil werden. Und ich tue alles, um dieses richtig bewerkstelligen zu können. Ich stehe aber nach wie vor – hier wie überall – immer noch alleine da und trotzdem verzage ich nicht. Ich habe mich allen Menschen verschrieben, allen Menschen die Hilfe und die Heilung zu geben.

(*Beifall*)

Und dieses geschieht über meine Hand im Namen Gottes!

Ich glaube nicht, dass Sie mir böse sein werden, dass ich in wenigen Minuten nach München fahre. Ich will Sie hier nicht festhalten, aber wenn Sie hier bleiben, werde ich Ihnen heute Abend vielleicht noch einen besseren Bescheid geben können. Ich opfere mein Leben für Sie, und deshalb müssen Sie mir die Zeit gewähren, damit ich dieses tun kann, damit der Weg endlich einmal frei wird; ohne Schwierigkeit, ohne Behinderung, sodass Sie endlich einmal das erhalten, wonach Sie sich lange gesehnt haben: „Die Gesundheit!"

Ich habe heute Nacht hier auf der Bank gesessen. Viele Menschen waren hier. Sie haben sich von allem Möglichen unterhalten. Ich bin selbst Zeuge. Wenn Sie glaubten, dass ich geschlafen habe, kann ich sagen: Nein! Ich habe hier auch lange auf dem Boden gelegen, um nicht als Neugieriger dazustehen, um tatsächlich einmal Zeuge zu sein, wie das kranke Volk über den kleinen

Gröning spricht. Denn diese Gelegenheit wird mir nicht immer geboten, dass ich aus Ihrem Munde Direktes höre, ohne dass Sie wissen, dass ich dabei bin.

Auch gebe ich Ihnen zu wissen, dass ich den letzten Stoß hier in Oberbayern versucht habe. Und wenn dieser nicht glückt, habe ich gesagt, so leid es mir tut für meine armen Deutschen, ich muss arbeiten; ich muss Menschen helfen; ich kann davon nicht mehr ab, dann wäre ich gezwungen, ins Ausland zu gehen. Ich glaube aber nicht, dass die bayerische Regierung sich noch dagegenstellen wird. Wir hoffen das Beste!

Quelle:
Archiv Bruno Gröning Stiftung

„Ich habe Ihnen gestern versprochen, noch am selben Tage ...“

Vortrag von Bruno Gröning, Traberhof bei Rosenheim, 2. September 1949

Hinweis

Dies ist eine Abschrift des stenografisch protokollierten Vortrags von Bruno Gröning, den er am 2. September 1949 auf dem Traberhof bei Rosenheim gehalten hat.

Dr. Zetti:

(Anfang nicht mitstenografiert)

Die Leute hängten sich an den Wagen, damit Gröning nicht von ihnen ginge. Aber schließlich bahnten wir uns einen Weg, und wir fuhren dann nach Nymphenburg, wo ich meine Praxis habe. Hier warteten 10.000 Menschen. Wir konnten mit dem Auto gar nicht durchkommen. Die Menschen fühlten direkt, dass Gröning im Wagen saß. Wir mussten auf Umwegen über eine Häuserruine auch wieder den in Polizeiuniform verkleideten Gröning ins Haus bringen. Im Treppenhaus, vor dem Haus, auf der Straße, im Park gegenüber standen Tausende und Abertausende von Menschen. Die Straßenbahn konnte nicht mehr fahren. Das Überfallkommando kam drei, vier Mal und ich muss schon sagen, auch die ganze Polizei unterstützte unsere Arbeit. Sie sperrte ab, ließ keine Straßenbahn mehr durch, leitete den Verkehr um usw. Gröning gönnte sich auch hier keine Ruhe.

Es war bereits 23:00 Uhr. Er trat auf den Balkon hinaus und sprach zu den Tausenden von Menschen. Die Scheinwerfer blitzten auf, und er sprach Worte, so wie wir sie hier so und so oft aus seinem Munde hörten. Auch hier schrie die Menge: „Gröning, hilf uns;

mach uns gesund; wir vertrauen auf dich und auf unseren Herr-gott!" Gröning sprach Worte, von denen man direkt annehmen muss, dass sie ihm vom himmlischen Vater gegeben wurden. Hunderte von Menschen wurden auch hier gesund.

(*Beifall*)

Lahme standen auf, Taube hörten, Blinde und andere von Leid heimgesuchte Menschen wurden geheilt. Es war ein Bild, wie man es noch nie gesehen hatte. Die Menschen stimmten das Lied „Großer Gott, wir loben dich" an, weil sie alle wussten, dass unser Herrgott hier durch Gröning seine Macht an den gläubigen Menschen ausübte, indem er den geringsten der Menschen – den Leidenden und Kranken – Hilfe brachte, wie sie ihnen vorher kein Arzt und keine Wissenschaft zuteil werden lassen konnte.

(*Beifall*)

Gröning weilte auch hier bis zum frühen Morgen. Es war vier oder halb fünf Uhr, als wir von Nymphenburg wegfuhren. Als wir aus dem Hause gingen, mussten wir uns auch hier wieder hinaus drücken. Hier hatten wir noch ein besonderes Erlebnis, nämlich ein Kind mit 15 Jahren, das seit seinem zweiten Lebensjahr gelähmt war, wurde ihm noch am Haustor unten entgegengebracht. Gröning sagte zu der begleitenden Mutter: „Lassen Sie das Kind aufstehen; es kann gehen!" Und das Kind stand auf und ging Gröning entgegen.

(*Großer Beifall*)

Von hier aus fuhren wir dann nochmals zurück in die Nähe der Landwehrstraße, wo Gröning nochmals kranken Menschen Hilfe brachte. Er vergaß aber nicht die hier Wartenden; oft weilten seine Gedanken hier in Rosenheim. Er dachte, als der Regen kam: „Was werden meine kranken Menschen tun? Haben sie Schutz; können sie irgendwo unterstehen?" Seine Kraft muss auch hier oft an mancher Stelle verspürt worden sein.

Um sechs Uhr oder halb sieben Uhr sollten wir noch an drei Plätze, in Harlaching, Solln und ich glaube, in die Tegernseerlandstraße, kommen. Hier warteten ebenfalls die ganze Nacht hindurch Tausende und Abertausende von Menschen. Gröning versprach, hierher zu kommen, zu Ihnen zuerst, um zu Ihnen zu sprechen. Und so fuhren wir um halb sieben morgens hier heraus, und es hat wohl keiner gemerkt, als wir hier hereinfuhren, dass Gröning im Wagen saß.

(*Zurufe: „Doch, doch!"*)

Auch hier fanden erst wieder Besprechungen, teils mit Heilungssuchenden bzw. wegen Briefen, die an ihn gerichtet wurden, statt, die aber bald erledigt sein werden, sodass Gröning bald hier herauskommt. Gröning - das möchte ich noch bemerken - kommt kaum zum Schlafen, kaum zum Essen. So geht es Tage um Tage, Nächte um Nächte, und so möchte ich euch nun fragen: Ist das nicht gestern ein Beweis gewesen, dass wir auf dem besten Wege sind, die Heilungslizenz zu erhalten?

(*Beifall*)

Wer kann Gröning das noch verweigern,

(*Zurufe: „Niemand!"*)

Wo Tausende und Abertausende von Menschen bei ihm Hilfe suchen, die niemand ihnen gewähren kann? Ist da nicht der beste Beweis dafür, dass wir Gröning brauchen?

(*Zurufe: „Ja, ja"! – Beifall*)

Und so wird es in ganz kurzer Zeit sein, dass Gröning heilen kann und heilt, so wie er es sich vorstellt, in geregelten Verhältnissen, in Heilstätten, die nicht Krankenhäuser sind, wie die Krankenhäuser bisher und dass er allen hilft, die an unseren Herrgott glauben, der doch unser aller Arzt und der höchste Arzt der Menschen ist!

(*Beifall*)

Der Herrgott ist für alle Menschen da; gleich, welcher Religion oder welcher Nation sie angehören. Denn die Welt ist doch für alle Menschen geschaffen, und so ist auch Gröning, der zum Mittler der Heilkraft wird, für die, die an unseren Herrgott glauben, da, um allen Menschen, gleich welcher Religion oder Nation sie angehören, Hilfe bzw. Heilung zu bringen.

(*Beifall*)

Bruno Gröning:

(*Langer Beifall*)

Meine lieben Heilungssuchenden!

Ich habe Ihnen gestern versprochen, noch am selben Tage wieder hierher zurückzukommen. Leider war es mir nicht möglich, da ich in München von vielen Menschen bestürmt wurde, die dasselbe suchen wie Sie hier. Es war mir beim besten Willen nicht möglich, diese versprochene Zeit einzuhalten. Ich bitte Sie deshalb, dieses zu entschuldigen.

(*Beifall*)

Aus dem Mund meines Vorredners, der ein Arzt ist – nicht ein Arzt, der einen Beruf hierin gefunden, sondern der auch seine Berufung hat, Menschen zu helfen; Menschen zu heilen – haben Sie die reine

Wahrheit erfahren. Er brauchte nicht zu lügen, wenn er sagte, in welcher Zeit ich hier eingetroffen bin. Ich bitte Sie zu entschuldigen, dass ich Sie trotz allem noch so lange habe warten lassen müssen.

(*Beifall*)

Ich wurde in München von Tausenden und Abertausenden von Menschen umstürmt, und das hören Sie selbst, dass ich jetzt im Augenblick nicht mehr in der Lage bin, so zu schreien, das heißt so deutlich zu sprechen, weil meine Stimme angegriffen ist. Aber die Stimme als solche soll nicht ausschlaggebend sein. Ich hoffe, dass Sie mich auch so verstehen, wenn ich auch nicht so laut schreien kann. Die Hauptsache ist, dass ich offenherzig vor Ihnen stehe und so auch zu Ihnen spreche. Mein Wunsch ist es von jeher gewesen, nicht nur einem Menschen zu helfen, sondern allen Menschen, die auf dieser großen, göttlichen Erde leben, soweit sie es verdient haben, dass ihnen geholfen wird.

Mein Leben soll nicht daraus bestehen, aus dieser Heilung oder überhaupt aus Heilungen, wie ich sie bereits an Tausenden von Menschen vollzogen habe, einen Verdienst herauszuschlagen. Ich bin ein armer Mensch, geldlich gesehen, gewesen und will dieses auch bleiben. Dies soll auch ein Gelöbnis für alle Menschen, für Menschen dieser ganzen Erde, sein.

Mein Vorredner ist ein Arzt. Er ist ein Helfer aller Menschen, soweit es bisher in seinen Kräften stand, Menschen auf dem medizinischen Wege zu helfen. So wie er den Weg zu mir gefunden, Menschen zu helfen; Menschen zu heilen, kann ich Ihnen die Versicherung geben, dass nicht nur tausend, sondern ich kann schon sagen Tausende von Ärzten und Professoren genauso an meiner Seite stehen, um Ihnen allen endlich einmal die Hilfe zu geben, die Sie sich schon seit Jahrzehnten gewünscht haben.

(*Großer Beifall*)

Ich bin nicht hier nach Bayern gekommen, um vielleicht gute Tage verleben zu können. Ich bin nun einmal dafür da, allen Menschen zu helfen. Mein Kampf gilt nicht dazu, um ein Nutznießer dieser Sache zu sein; mein Kampf gilt und gilt auch weiter, Menschen zu helfen, Menschen zu heilen. Ich hoffe, dass der gestrige Tag der bayerischen Regierung den Beweis gegeben hat, dass das Volk eben einmal krank ist und schon Jahrzehnte nach seiner Gesundheit gesucht und sie nie gefunden hat und dass das Volk mir das größte Vertrauen entgegenbringt.

(*Großer Beifall*)

Da ich schon Tausenden von Menschen die Gesundheit gegeben habe. Sollte mein Wille so geschehen, dass die bayerische Regierung zu dieser Einsicht kommt und nicht mehr davon abgehen kann,

(*Zwischenrufe: „Muss kommen!"*)

dann verspreche ich Ihnen hier, dass ich schon vorgearbeitet und nichts unversucht gelassen habe, Heilstätten zu errichten, in denen Menschen – nicht wie hier in einem ungeordneten Zustand, sondern auf geregelte Weise – geholfen und geheilt werden. Ich weiß genau, dass eine Heilstätte viel zu wenig ist, um allen deutschen Menschen darin helfen zu können und deshalb nehme ich alle Angebote, wie sie mir in großem Maße schon gemacht wurden, an, um allen helfen zu können.

(*Zwischenrufe: „Gehen Sie nicht ins Ausland! Sie bleiben hier!"*)

90

Weil gerade der Ruf kam, ich soll nicht ins Ausland gehen,

(*Zwischenrufe: „Nein!"*)

will ich Ihnen zu wissen geben, dass ich ohne Arbeit, ohne einem Menschen oder vielen Menschen geholfen zu haben, nicht mehr leben kann. Und deshalb habe ich den letzten Stoß, den letzten Versuch hier in Bayern jetzt angestellt. Falls es mir nicht glücken sollte, Ihnen allen die Hilfe zu geben, Ihnen allen die Gesundheit wieder zurückzugeben, wonach Sie sich schon seit Jahrzehnten gesehnt, dann bin ich gezwungen, ins Ausland zu gehen.

(*Zwischenrufe: „Nein! Das Volk schützt Sie!"*)

Ich habe es immer für meine verdammte Pflicht und Schuldigkeit gehalten, erst meinen engsten Mitmenschen, euch Deutschen, zu helfen, weil ich ein Deutscher bin!

(*Großer Beifall*)

Aber die Schwierigkeiten und die Steine, die mir in den Weg geworfen wurden, sind unbegreiflich.

(*Zwischenrufe: „Pfui!"*)

Ich habe diesen Menschen, die vom Teufel besessen sind, immer richtig zu antworten gewusst,

(*Großer Beifall*)

und ich stehe heute nach wie vor immer noch vor ihnen, und keiner hat es fertig gebracht, mich ins Gefängnis zu bringen.

(*Zwischenrufe: „Gott sei Dank!"*)

(*Großer Beifall*)

Aber eine Versicherung gebe ich Ihnen heute schon. Wenn dieses glückt, dass die Freigabe kommt, dass ich Ihnen allen helfen kann, werde ich diese Einzelmenschen, diese Hampelmänner, herauszustellen wissen!

(*Großer Beifall*)

(*Zwischenrufe: „Die müssen Sie bestrafen! Die bestrafen wir selber!"*)

Wie Sie wissen, habe ich es heute noch nicht schwarz auf weiß, Ihnen allen offiziell die Heilung zu erteilen. Ich habe mich bis zum heutigen Tage um das menschliche Gesetz noch nicht geschert.

(*Zwischenrufe: „Das göttliche Gesetz gilt hier!"*)

Trotz Verbot sind wir noch nicht tot.

(*Beifall*)

Mein Gesetz ist und bleibt das rein Göttliche.

(*Großer Beifall*)

Ich tue meine Pflicht; ich tue alles deshalb, weil ich mich verpflichtet fühle, Ihnen die göttliche Hilfe zu bringen.

(*Großer Beifall*)

Ich weiß ganz genau, wie ich jetzt in diesen wenigen Tagen festgestellt, dass das bayerische Volk ein stark gottgläubiges Volk ist,

(*Zwischenrufe: „Bravo!"*)

und ich bringe meine Freude hierüber zum Ausdruck.

Wie Sie aus dem Munde meines Vorredners schon erfahren haben, war der gestrige Abend und die heutige Nacht wohl keine leichte. Dieses Bild hätten Sie alle sehen müssen, dann wüssten Sie alles. Aber nicht nur dort, auch hier ist es dasselbe Bild.

(*Beifall*)

Ich weiß aber ganz genau, dass uns Menschen kein anderer Mensch das Recht an unserem Leben, das der Herrgott uns gegeben hat, nehmen kann.

(*Beifall*)

Ich bitte Sie, mich für einen kleinen Augenblick zu entschuldigen; ich schicke dafür einen anderen meiner Helfer heraus, der genauso bereit ist, Menschen zu helfen, und genauso sein Leben dafür hergibt wie ich. Ich bitte Sie, zu befolgen, was er Ihnen zu wissen gibt.

Erich Kuhlmann:

(*gibt Anweisungen, wie sich die Kranken verhalten sollen. Schlusssatz:*) Diejenigen, die für einen Angehörigen gekommen sind, denken daran, weshalb sie hierher gekommen sind, und es wird dann dort das geschehen, was geschehen soll.

Bruno Gröning:

Ich bitte Sie, hier nicht mit Einzelfällen zu kommen, ich bitte Sie, hier nicht um Ihr Leid zu klagen. Ich gebe Ihnen zu wissen, dass ich zu viel, viel mehr in der Lage bin. Ich gebe Ihnen zu wissen, dass ich, ohne einen Menschen zu sehen oder zu wissen, wie er heißt, wo er wohnt oder was für eine Krankheit er hat, dessen Krankheit genau schildern und ihm diese Krankheit abnehmen kann, gleich, wo er sich befindet. Die Hauptsache ist, dass man mir

93

als dem kleinen Menschen hier auf dieser großen Erde das größte Vertrauen entgegenbringt und den Glauben an unseren Herrgott mehr stärkt denn je. Deshalb bitte ich Sie, nicht einzeln herauszutreten; es hat keinen Zweck. Hören Sie, was gesagt wird. Nehmen Sie den Glauben an unseren Herrgott, wenn Sie ihn bereits verloren haben, wieder ganz in sich auf. Schenken Sie mir das Vertrauen.

Ich bin bereit und in der Lage, Ihnen allen die Hilfe zu geben. Aber das Vertrauen muss mir von Ihnen entgegengebracht werden; sonst ist es zwecklos. Alles Schreien, Stören und Klagen ist zwecklos.

(*Beifall*)

Ich will Ihnen hier gleich einen Arzt vorstellen, der zu mir gekommen ist vor wenigen Tagen und um Hilfe für seine Patienten gebeten hat. Ihm habe ich die Hilfe bereits erteilt und seinen Menschen geholfen auf dem Fernwege.

Dr. Zetti:

Vor etwa einer Woche war ich hier und klagte innerlich, ohne mit Gröning zu sprechen, ihm das Leid und Wehe meiner Patienten, denen ich nicht imstande war, Hilfe zu bringen. Denn auch uns sind Grenzen gesetzt, und so klagte ich ihm die Leiden bzw. ich dachte an meine Patienten, als ich ihm gegenüber stand, und ohne mit ihm eigentlich zu sprechen, waren diese Leute von dieser Stunde an gesund!

(*Beifall*)

Wer hat dieses bis jetzt fertig gebracht?

(*Zwischenrufe: „Niemand! Wer will solch einen Mann prüfen, wenn er selbst nicht die Fähigkeiten dazu hat!“*)

Richtig! Wir sehen ja daraus schon, dass Gröning der Mittler einer höheren Macht ist. Denn wenn Sie bloß denken an Ihre Verwandten, dann werden sie schon gesund; vielleicht nicht gleich. Aber wenn sich die Betreffenden innerlich zum Glauben gefunden haben und Gröning das Vertrauen geschenkt haben, dann werden sie die Heilung und Linderung verspüren.

Anschließend spricht Herr Weiland, der ehemals Blinde, über seine Erlebnisse mit Kranken, die geheilt wurden.

Quelle:
Archiv Bruno Gröning Stiftung

„Ich habe Ihnen heute nicht viel mehr zu sagen ...“

Rede von Bruno Gröning, Traberhof bei Rosenheim, 3. September 1949

Hinweis

Dies ist eine Abschrift der stenografisch protokollierten Rede von Bruno Gröning, die er am 3. September 1949 auf dem Traberhof bei Rosenheim gehalten hat.

Franz Kind:

Meine sehr verehrten Anwesenden!

Ich habe absichtlich nicht zu Ihnen gesagt: „Es kommt der Wunderdoktor“, sondern einfach gesprochen: „Herr Gröning kommt“, wie er es wünscht.

Meine lieben Zuhörer, Sie wissen ganz genau, dass ich vor etwa 1,5 Stunden genau wie Sie dort unten gesessen habe und als ein Redner mit dem Auto dort ankam und eine Ansprache hielt, weil man Herrn Gröning noch immer nicht die Lizenz erteilt hat, da wusste ich nicht, wer dieser Redner ist und glaubte, er sei einer seiner engsten Mitarbeiter, und da wollte ich dem Mann sagen: „Es arbeitet schon eine große Bewegung wie ein Wurm, still und bescheiden, und der Wurm krümmt sich nicht, bis er das Ziel erreicht hat, dass unser lieber Bruder Gröning jedem helfen kann, den Gott durch seine Kraft helfen und heilen möchte.“

(*Beifall*)

Als ich eben dem Herrn Kirmeyer gegenübergestellt wurde und oben auf der Veranda Platz nehmen musste, wusste ich gar nicht, wie mir zumute war. Ich habe meine Zettel und meine Briefe herausgesucht, um sie vorzubringen und abzugeben und dann habe ich im Moment gedacht, wie unheimlich still wird das um mich herum, und da stand unser Herr Gröning neben mir, und ich konnte kein Wort mehr über meine Lippen bringen. Und jetzt spreche ich zu Ihnen, um die Entschuldigung zum Ausdruck zu bringen, dass es eine Stunde und 20 Minuten länger wurden, ehe Herr Gröning zu Ihnen herauskam, weil eben gerade der Herr Landrat mit Begleitpersonen hier selber anwesend war, weshalb Herr Gröning nicht kommen konnte. Und wenn er gleich nach mir nur noch ein kleines Wort zu Ihnen spricht, weil er ja schon so heiser ist, dann möchte ich Ihnen nur eines sagen: Er steht vor Ihnen, um jeden zu heilen. Er hat den Willen dazu, und er beteuert es immer wieder, er will nur den Weg, die Freiheit offen haben, dass er ohne weiteres nach Belieben behandeln und heilen kann. Und wenn er sagt: „Ich kann heilen, ich kann Patienten hereinholen.", so sind das aber nur mal zehn, mal zwanzig. Damit gibt sich Herr Gröning nicht zufrieden. Er will Tausenden, er will allen Menschen helfen und sie heilen! Und aus dem Grund stehen Sie hier vor ihm, steht er hier vor Ihnen, und so möchte ich Sie bitten auszuharren, geduldig, keine Demonstrationen zu machen, um ihm nicht den Weg zur Lizenz schwer zu machen. Wer glaubt, der wird von ihm geheilt, so es Gottes Wille ist.

Wenn Herr Gröning jetzt in den kommenden Tagen von uns fährt, so hat er mich beauftragt, sowie den Herrn Kirmeyer, Obacht zu geben, dass dennoch Menschen, die hier in Hoffnung und Erwartung sitzen, ferngeheilt werden. Also, er hat mir versprochen, wo er auch jetzt hinfährt, um den letzten Stoß zu tun, um die endliche, ganze Lizenz seiner Betätigung und Behandlung frei zu bekommen, wird er an alle Menschen denken, die hier sitzen und seiner warten und will sie von da, wo er auch sein mag, heilen.

97

Bruno Gröning:

Meine lieben Heilungssuchenden!

Ich habe Ihnen heute nicht viel mehr zu sagen, da mein Vorredner Ihnen dies alles in kurzen, wenigen Worten zu wissen und zu verstehen gegeben hat. Aber eines muss ich Ihnen jetzt zu wissen geben. So leid es mir in der Seele tut, so muss ich Sie heute für wenige Tage verlassen, um das bewirken zu können, dass ich mein Wort wahr werden lasse; nämlich, wie ich Ihnen bereits versprochen, Heilstätten zu errichten, wie auch diese hier, wo Sie stehen: Ich sage Ihnen, dass es die erste Heilstätte ist!

(*Großer Beifall*)

Der Besitzer dieses Grundstückes hat mir sein ganzes Gelände, sein ganzes Haus und alles, was drum und dran hängt, hier zur Verfügung gestellt, um Menschen in einer geordneten Bahn heilen zu können. Nicht hier draußen, nein. Früher war das ein Spielsaal, wie ich dieses kenne, etwas Teuflisches, was dort geschah, dass Menschen sich nach Geld sehnten und in dem Glauben lebten, wenn sie Geld haben, haben sie alles. Nein, sage ich, umgekehrt ist auch was wert. Nicht das Geld stellt den Menschen zufrieden. Der reichste Mensch, gleich wie er sein mag, wenn er Geld hat und die Gesundheit ihm fehlt, so besitzt er gar nichts. Nein, das Schlechteste, was ein Mensch besitzen kann, ist und bleibt das Geld, wenn ihm die Gesundheit fehlt.

(*Beifall*)

Die Gesundheit ist und bleibt das Wertvollste, das Wertvollste aller Menschen. Wenn er diese besitzt, ist er der reichste Mensch; dann kann er stolz und froh sein und sich auf dieser großen, göttlichen

Erde wohl fühlen und von all dem genießen, was der Herrgott für uns Menschen geschaffen hat.

Mein Vorredner hat Ihnen zu wissen gegeben, was ich hier bereits versprochen: Wenn ich wenige Tage von hier fortfahre, so will ich immer bei und unter Ihnen sein und Ihnen die Hilfe, das heißt die Heilung, die Gesundheit geben auf dem Fernwege.

(*Beifall*)

Sie alle glaubten, erst dann den festen Glauben haben zu können, wenn Ihnen der Herrgott persönlich vor Augen erscheint. Sie haben zum Teil nach Jahren immer noch geglaubt, es müsste so sein; nein! Der Herrgott ist und bleibt für uns Menschen der Unsichtbare, aber doch der Spürbare. Jeder spürt es an seinem eigenen Leib, so wie er den Glauben in sich hat und er verspürt, dass die Hilfe Gottes die einzige, die größte und die beste nur sein kann.

Damit bitte ich Sie, mich zu entschuldigen. Ich möchte weiter sprechen, aber wie Sie hören, hat meine Stimme etwas gelitten. Ich will Ihnen aber eines sagen: Haben Sie Vertrauen zu mir.

(*Zwischenrufe: „Ja, ja!"*)

Haben Sie Glauben, den Glauben an unseren Herrgott, dann haben Sie alles! Und damit will ich mich von Ihnen verabschieden und will Ihnen das Aller-, Allerbeste mit auf den Weg geben; die Gesundheit und dieses geschieht und kann nur geschehen im Namen Gottes.

Franz Kind:

Eineinhalb Stunden, meine lieben Harrenden, durfte ich bei Herrn Gröning hier am Tische sitzen und mit ihm plaudern. Ich habe

Unglaubliches gehört. Es sind große Geldbeträge von hochstehenden Persönlichkeiten versprochen worden, wenn man ihnen Einlass gibt zu Herrn Gröning. Er hat sie alle abgewiesen.

Von Beruf stehe ich ja draußen stets vor Menschen; aber glauben Sie mir, meine Buben, die ich zu betreuen habe, kennen mich nicht als einen der stottert, wenn er vor einer Masse spricht. Als ich den Auftrag bekam, für unseren Wunderarzt Gröning zu sprechen, da habe ich doch wirklich gebebt, weil ich glaubte, ich hätte nicht den Mut dazu, für ihn zu sprechen. Wir können nicht sagen: „Er ist Doktor, er ist Professor", denn er tut ja noch viel mehr, so dass wir gar keinen Titel dafür finden. Das Schönste ist sein einziger Name Gröning, und der Name Gröning wird uns ewig in Erinnerung bleiben.

(*Beifall*)

Bruno Gröning:

Meine lieben, jetzt noch Kranken!

Ich bitte Sie von ganzem Herzen, beobachten Sie Ihren Körper, stellen Sie sich die Frage: Was geht in meinem Körper vor? Denken Sie dabei bitte nicht an Ihr Leiden. Sie haben das Recht, sich davon zu überzeugen, wie der Herrgott seine Kraft durch mich auf Sie einwirken lässt, indem er Ihnen allen die Gesundheit wiedergeben will. Sie werden verspüren, dass sich vieles in und an Ihrem Körper bemerkbar macht. Wie Menschen sagten: „Es ist so ein komisches Gefühl, ein Gefühl, das ich noch nie gehabt habe", und gerade deswegen, weil dieses einmalig ist, lässt es sich von den allgemeinen Gefühlen, wie Sie sie bisher gehabt haben, gut unterscheiden. Beobachten Sie bitte nur Ihren Körper und es geschieht schon das, was geschehen soll.

Um das aufzunehmen, was der Herrgott Ihnen mit auf den Weg geben will, müssen Sie rein dastehen, muss Ihr Körper, muss Ihr Herz, muss all das, was Sie an und in Ihrem Körper besitzen, rein sein. Sie werden mich auch verstehen, wenn ich sage, dass der eine und der andere bisher teilweise vom Satan besessen war, denn der Satan hat nichts unversucht gelassen und drang in die Leiber der Menschheit ein, um sie auf den schlechten Weg zu führen. Und heute ist es fast so weit, dass das Volk weder ein noch aus weiß.

Ich bin jetzt da, ich will Ihnen allen helfen, Sie sollen alle gesund sein. Sie sollen alle Mensch sein; Sie alle sollen gut zueinander sein, denn letzten Endes sind wir nun einmal alle, alle nur Kinder Gottes. Der größte Arzt aller Menschen ist und bleibt unser Herrgott!

(*Beifall*)

So möchte ich mich jetzt von Ihnen verabschieden. Ich komme Mitte nächster Woche wieder zurück. Geben Sie mich bis dahin frei. Ich will im Geiste hier unter Ihnen sein und Ihnen die Hilfe geben; die Hilfe, das heißt die Gesundheit. Haben Sie Vertrauen; Vertrauen zu mir. Haben Sie den Glauben; den Glauben an Gott. Dann geschieht das, was geschehen soll.

Quelle:
Archiv Bruno Gröning Stiftung

„Entweder gibt man mir die Heilung frei ...“

Gesprächsprotokoll, Traberhof bei Rosenheim, 3. September 1949

Hinweis

Dies ist eine Abschrift einer stenografisch protokollierten Unterhaltung, die am 3. September 1949 im Wintergarten des Traberhofs bei Rosenheim stattgefunden hat.

Unterhaltung Bruno Grönings mit Franz Kind, Antonius Kirmayer, Landrat Georg Knott und einigen Herren im Wintergarten des Traberhofs bei Rosenheim

Bruno Gröning: Entweder gibt man mir die Heilung frei oder ich bin gezwungen, ins Ausland zu gehen.

Ich habe in Herford angefangen, ich habe gesagt, dass das Ausland schon lange auf den kleinen Gröning wartet.

***

Wer hierauf einen Anspruch hat, wird auch die Heilung empfangen. Anspruch hat, wer den Glauben in sich hat, das heißt, den Glauben an unseren Herrgott. Und wer den Glauben schon seit Jahrzehnten verloren und jetzt einsieht, dass es doch nicht so weitergeht wie bisher, dass er dem Satan verfallen ist und bereit ist, den wahren göttlichen Glauben in sich aufzunehmen, dem wird auch die Hilfe zuteil.

Ich frage nicht nach Religion, nach Nation. Wir Menschen gehören zusammen. Der einzige Arzt, der Arzt aller Menschen, ist unser Herrgott. Wir haben alle, weil wir ja Kinder Gottes sind, nur einen Vater, das ist unser Herrgott. Wir sollen diese schöne göttliche Erde uns nützlich machen, wir sollen es genießen. Und wer daneben ist, wer vom Teufel besessen ist, wer gibt dem ein Recht, unter uns, das heißt in diesem schönen Paradies zu leben, das der Herrgott für uns geschaffen hat? Er will nichts vom Herrgott wissen und doch lebt er davon, er schnappt die Luft, er betritt die Erde. Dazu hat er ja dann gar kein Recht, kein Recht, unter uns zu sein. Es bleibt ihm nichts anderes übrig, als sich tatsächlich auch zu dem wahren Glauben zu bekehren und den Herrgott als seinen Vater anzuerkennen.

Ich habe immer wieder gesagt, ich bin nicht stolz, ich bin der kleine, einfache Mann. Ich will keinen Titel haben, wie man ihn mir schon vonseiten der Regierung angeboten hat, nein, ich will keinen Titel, ich will nur Menschen helfen, Menschen heilen. Ich will diese göttliche Kraft erhalten, um Derartiges weiter tun zu können, was ich bis zum heutigen Tage getan habe.

Ich stehe wie ein Transformator, indem ich die Kraft vom Herrgott erhalte und diese an den einzelnen Menschen gebe, d. h., durch die Kraft entsteht die Gesundheit.

***

Ich habe die Absicht, fortzugehen, ja. Ich habe ja Zeit. Ich will die Zeit ausnutzen, um hier Heilstätten zu errichten, um Ihnen dann auf einem geregelten Wege die Heilung zu bringen.

***

Ich werde hier Plätze ansprechen, den Boden ansprechen.

***

Ich kann nichts dafür, ich handele nach Eingebungen. Ich kann sagen, dass dieser Boden, worauf Sie stehen, ein heiliger geworden ist. Denn Sie sind gläubig hierher gekommen. Sie haben hier die

Tränen vergossen und dieser Boden ist mit Tränen getränkt. Sie suchen Hilfe und diese göttliche Hilfe haben Sie gefunden. Dieser Boden befreit Sie von all Ihren Leiden, von all Ihren Krankheiten. Und dies ist geschehen am laufenden Band, ohne dass ich in Herford war.

Und es geht immer weiter. Ich brauche keinen Schlaf, eine halbe Stunde kann ich schlafen und die größte Zeit bin ich dabei, Menschen zu helfen. Und bin ich in einem Restaurant – auch dort sind Menschen – und wenn ich dort mein Bier oder meinen Kaffee trinke, dann geschieht das. Deswegen kann man mir nichts Schlechtes nachreden.

***

Es ist nicht meine, das ist keine menschliche Kraft, das ist eine rein göttliche Kraft. Wer will dagegen etwas tun! Hier kann kein menschliches Gesetz mir verbieten, Menschen zu helfen, Menschen zu heilen.

Ich tue meine Pflicht, ich tue das, wozu ich mich mein ganzes Leben verpflichtet fühle. Ich habe Ihnen zu wissen gegeben, dass ich den Menschen zu seinem Glauben zurückführen will, zum Glauben an das Göttliche. Ich fürchte keinen Menschen. Und es geschieht, was geschehen soll.

Man glaubt, die Gezeichneten sind die Krüppel. Nein, das sind nicht die Gezeichneten vom Herrgott. Die Gezeichneten sind die, die den Glauben an unseren Herrgott verloren, die ihn beschmutzen, die nicht das Gute haben wollen, sondern all das Schlechte.

***

104

Landrat Knott: Wollen Sie hierbleiben?

Bruno Gröning: Ich will hierbleiben. Hier tue ich den letzten Stoß. Gibt man mir den Weg frei, Menschen zu helfen, Menschen zu heilen, bleibe ich! Gibt man mir den Weg nicht frei.

Ich kann nicht ohne Arbeit sein und immer versteckte halbe Arbeit machen. Wenn 60, 70, vielleicht auch mal 100 Menschen an einem Tag gesund werden, das ist mir zu wenig. Meine Aufgabe ist es, alle Menschen gesund zu machen, nicht nur 10, 100 oder 1.000. Gibt man mir den Weg nicht frei – ich habe alles soweit vorbereitet – dann muss ich ins Ausland gehen, so leid es mir tut, ich kann nicht anders. Ich bin für meine Güte verfolgt worden, man hat nichts unversucht gelassen, man wollte mich einsperren, obwohl ich nur Menschen geholfen, nur Gutes getan habe. Ich habe von ihnen nichts verlangt, keinen Pfennig, ich habe auch nichts zu essen verlangt, obwohl der eine oder andere immer sein Bestes hergab.

Quelle:

Archiv Bruno Gröning Stiftung

„Als ich vor wenigen Tagen dieses Grundstück betrat ...“

Vortrag von Bruno Gröning, Traberhof bei Rosenheim, 9. September 1949, nachmittags

Hinweis

Dies ist eine Abschrift des stenografisch protokollierten Vortrags von Bruno Gröning, den er am 9. September 1949, nachmittags, auf dem Traberhof bei Rosenheim gehalten hat.

Franz Kind:

War es nicht ein Kampf, um die Treue zu beweisen zu unserem Bruder Gröning, der nun endlich hier mitten unter uns weilt? Glauben Sie mir, als Bruder Gröning das Haus und die Zimmer betrat, da hat man auf jedem Gesicht gelesen, dass Glück und Heil über uns kam. Er ist da und alles Weh und alles Leid und jeder Schmerz ist vorüber. Ich sehe mich verpflichtet, meine lieben Anwesenden, Gesunde und Kranke, Männer, Frauen und viele Kinder, Ihnen zu danken für Ihre Treue und die Ruhe, die Sie dennoch unserem Bruder Gröning bewiesen haben. Jetzt ist er da, in seinem Namen darf ich Sie begrüßen.

Als er sich am 3. September verabschiedete, da stand für Herrn Kirmeyer und für mich fest, dass wir die Liebe zu ihm in die Tat umsetzen wollten, möge da kommen, was da wolle. Er sagte nicht zu uns, dass wir heilen sollten, aber er sagte, dass wir die Heilung mit unserem besten Zutun fördern könnten. Und das kann ich wohl sagen im Namen aller, die uns in dieser Woche kennengelernt haben, dass wir Tag und Nacht diese Mission erfüllt haben.

(*Beifall*)

Manch einer hätte vielleicht irre werden können an unserem Handeln. Aber wie Sie wissen, wird eine gute Sache immer bekämpft. Haben Sie schon einmal erlebt, meine Lieben, dass man einem Menschen, der gut ist, den Frieden gibt? Nein, man versucht, ihn niederzuschmettern, wo man es nur kann. Und das hat man zur Genüge bei unserem Bruder Gröning getan.

Ich freue mich, dass ich es sein darf, der die Begrüßungsrede halten darf, weil ich es war, der noch einmal appellierte an Sie, standzuhalten und auszuharren, bis unser Bruder Gröning kam. Und nun darf ich auch in seinem Namen das frohe Wort verkünden, dass er heute beabsichtigt, größere Fernheilungen durchzuführen.

In wenigen Worten soll ich aber noch die innigste Bitte an Sie richten: Bitte, weil so viele Menschen hier sind, nehmen Sie Abstand von dem Wunsch, das jeder einzeln geheilt werden will. Selbstverständlich können ganz schwere Fälle gemeldet werden und er wird es sich bestimmt nicht nehmen lassen, die einzelnen Schwerstkranken zu besuchen.

Meine lieben Harrenden! Und nun muss ich Ihnen noch etwas in seinem Auftrag sagen: Diese Stätte hier, die liebenswürdigerweise von einem großen Wohltäter uns zur Verfügung gestellt ist, ist die Weihestätte, die Heilstätte, wo nur allein Bruder Gröning zu regieren hat und sonst niemand. Und wenn heute früh in den ersten Morgenstunden, als noch Dunkelheit über diesem Gelände lag, einer glaubte, uns erzählen zu können, dass auch er heilen kann, wie Gröning, so muss ich Ihnen zurufen, dass er nicht dazu berufen ist. Wir haben Bruder Gröning erwartet und keinen Menschen, von dem wir nicht überzeugt waren.

Ich weiß, viele von Ihnen waren zuerst ergriffen. Diejenigen, die Bruder Gröning noch nie gesehen hatten, glaubten wahrhaftig schon, er sei es gewesen. Und weil Sie die ganze Woche so ausdauernd bei Regen und unter Opfern ausgehalten haben, konnte man es verstehen, dass Sie einen Trost brauchten, und Sie nahmen es auf, weil Sie glaubten, es ist fast das Gleiche. Doch im Laufe des Tages habe ich Gott sei Dank festgestellt, dass Sie doch nicht mit ihm zufrieden waren. Nein, es kam immer wieder der dringende Wunsch: Wo bleibt Gröning? Um so lieber habe ich Ihnen gesagt, er kommt, er wird kommen. Und nun ist er gekommen!

(*großer Beifall*)

(*Bruno Gröning bedankt sich bei Kind.*)

Kind spricht weiter und erzählt, was er alles getan und geleistet hat, solange Gröning weg war.

Bruno Gröning.

Meine lieben Heilungssuchenden!

Als ich vor wenigen Tagen dieses Grundstück betrat, trat ich als erstes hier auf diesen Balkon und sah mir das Gelände an, und tatsächlich hatte ich damals schon dasselbe Bild vor meinen Augen, wie ich es jetzt vor mir sehe.

Ich will nicht von meinem Kampf sprechen. Nein, es ist kein Kampf; es ist eine Selbstverständlichkeit, dass ich mich durchsetzen musste, um Ihnen allen, die Sie schon jahrelang auf Heilung warteten, die Heilung von unserem Herrgott und durch unseren Herrgott zu übermitteln.

(*Großer Beifall*)

Ich habe, kurz gesagt, keine ruhige Stunde gehabt, und ich verzichte auch für mein weiteres Leben darauf. Ich bin nun eben einmal dazu da und fühle mich verpflichtet, mein ganzes Leben für Ihre Gesundheit einzusetzen.

(*Beifall*)

Ich bin 43 Jahre alt. Mein ganzes Leben besteht nur daraus, Menschen zu helfen. Diese Kraft, diese göttliche Kraft, wurde mir in die Wiege gelegt. Ich war ein kleiner Knabe und habe nichts unversucht gelassen – nicht, diesen Dingen nachzuforschen, nein – Menschen und Tieren zu helfen.

(*Beifall*)

Denn alles, was der Herrgott für uns Menschen hier auf dieser Erde geschaffen hat, gehört zueinander. Jeder hat eine Lebensberechtigung; so auch Sie, und ich habe Ihnen schon zu wissen gegeben, dass ich mich verpflichtet fühle, allen Menschen zu helfen, alle Menschen gesund zu wissen.

Von der amerikanischen Zone ging ich in die englische, um dort dem Hilferuf kranker Menschen nachzugehen und Menschen die Gesundheit wiederzugeben, was ich Ihnen an tausenden von Fällen aufzählen könnte. Mein Leitsatz heißt: Blinde sehen, Krüppel gehen! Es hört sich sehr schlecht an, wenn ich eben gesagt habe „Krüppel". Sie können nichts dafür, einer wie der andere, der jahrelang das Bett hüten musste, dass Sie steif dalagen und sich nicht rühren konnten, und ich habe von Jahr zu Jahr, Tag um Tag, Nacht um Nacht Menschen das neue, gesunde Leben wiedergegeben. Dabei macht es mir nichts aus, wenn der eine oder andere jahrelang das Bett hüten musste, ohne ein Glied rühren zu können. Es geschah so schnell, dass, wie ich immer gesagt habe, ein

109

Fotograf mit Fotografieren nicht mitkommt, um die Gesundung des kranken Menschen im Apparat aufzunehmen.

Ich sprach eben von der englischen Zone. Dort waren Menschen am Werk, die glaubten, ich würde ihnen das Butterbrot nehmen. Deshalb meinten sie, mich bekämpfen zu müssen. Sie haben nichts unversucht gelassen, mich hinter Schloss und Riegel zu bekommen,

(*Zwischenrufe: „Pfui!"*)

und das ist vor wenigen Tagen noch gewesen,

(*Zwischenrufe: „Pfui!"*)

dass sie sich nicht scheuten, Schmutzigkeiten von sich zu geben, um mich mit aller Gewalt zu bekämpfen.

(*Zwischenrufe: „Pfui! Nieder mit den Schmierfinken!"*)

Ich habe hier bei meinem letzten Abschied den Menschen zu wissen gegeben, dass ich Ihnen diese herausstellen werde. Heute noch nicht. Ich weiß, dass diese Menschen sich heute schon schämen, dass sie diesen Weg gegangen sind, mich zu bekämpfen. Ich habe ihnen früher gesagt: „Die Schlinge haben Sie sich selbst umgelegt, und jetzt sehen Sie zu, wie Sie aus dieser Schlinge herauskommen."

(*Großer Beifall*)

(*Zwischenrufe: „Gerechtigkeit siegt!"*)

Ich habe diesen Menschen gezeigt, dass ich keine Menschen fürchte; mögen sie kommen, womit sie wollen.

(*Beifall*)

110

(Zwischenrufe: „Das Volk steht hinter Ihnen!")

Ich fürchte nur einen, und das ist und bleibt unser Herrgott!

(Beifall)

Auch muss ich Ihnen allen zu wissen geben, dass ich nichts unversucht gelassen habe, Menschen zu helfen, Menschen zu heilen. Ich habe keinen Weg gescheut; ich habe mich nicht gesorgt um Essen oder Schlafen. Ich brauche keinen Schlaf; ich brauche kein Essen; ich brauche nur eines, die Arbeit, Menschen zu helfen, Menschen zu heilen.

(Großer Beifall)

Und deshalb muss ich meinen Weg gehen! Ich habe die Westzonen in drei Teile geteilt; angefangen in Westfalen. Westfalen, Herford, ist Ihnen schon ein Begriff geworden. Dort selbst wurde ich, ich könnte fast sagen, bis aufs Messer bekämpft.

(Zwischenrufe: „Pfui!")

Eine Schikane über die Andere. Trotzdem habe ich es nicht unterlassen, den Menschen am laufenden Band weiter zu helfen.

(Beifall)

Vor wenigen Wochen verschwand ich aus der englischen Zone, wo ich es nicht übers Herz bringen konnte, kranken Menschen nicht zu helfen. Ich bin von einem Haus zum anderen gefahren, habe dort kranke Menschen aufgesucht und sie geheilt. Da habe ich zu wissen bekommen, dass einzelne Mediziner sich erlaubten zu sagen: „Wenn der Gröning noch eine Heilung vornimmt, ist er reif für das Gefängnis", und trotzdem habe ich mich daran nicht gestört. Ich habe das am laufenden Band weiter ausgeführt und

111

habe dann, als ich merkte, dass die Polizei hinter mir her war, nicht dass ich ausgerückt wäre, nein – in aller Gemütsruhe haben wir die englische Zone verlassen.

(*Beifall*)

In den letzten Tagen habe ich dort, das heißt in Bielefeld, erfahren, dass der Haftbefehl gegen Gröning bereits unterzeichnet war. Aber zu Ihrer Beruhigung: Mein Anwalt dort teilte mir mit, dass er zu wissen bekommen hat, dass der Unterzeichnete nicht viel bekommen hat; nein. Als er den Haftbefehl unterzeichnet hatte, wurde seine Hand steif,

(*Beifall*)

und verblieb so bis zu dem Tage, an dem ich dort selbst wieder auftauchte. Damit will ich Ihnen sagen, dass nicht ich es bin, nein, dass unser Herrgott alles ist.

Ich habe von jeher den Menschen zu wissen gegeben, dass ich unter Gottes Schutz stehe. Und wenn sie alle kommen, böse Menschen, will ich sagen, sind sie nicht in der Lage, mir irgendetwas anzutun. Und sollte es der eine oder andere solcher teuflischen Menschen doch versuchen, so wird er schon zu Fall kommen.

(*Beifall*)

Das heißt, ich selbst tue nichts dazu. Ich wünsche heute noch meinem größten Todfeind das Allerbeste!

(*Beifall*)

Aber Sie alle müssen auch dieses wissen, dass der Teufel als solcher nichts unversucht lässt, sich in die Menschenleiber zu verstecken und sie zum Bösen zu führen. Des Teufels Spiel ist aus!

(*Beifall*)

Wenn er auch hier und dort etwas von sich merken lässt, so ist es weiter nicht schlimm. Ich weiß meine Gegner zu bekämpfen.

(*Beifall*)

Genauso will ich Ihnen weiter berichten, dass mein zweiter Weg von Westfalen nach Schleswig-Holstein führte. Dort waren ebenso Menschen, wie sie hier sind, das heißt kranke Menschen, indem sie mich um Hilfe, um Heilung baten. Auch hier hat es nur an Einzelnen gelegen, die nichts unversucht gelassen haben, mir ebenfalls mein Tun und Wollen an dem kranken Volk zu untersagen, indem es hieß: „Ja, Genosse, ich kann dich nicht im Stich lassen. Ich tue so, wie Ihr schon getan habt" Das ist beschämend. Parteipolitik ist für mich nicht maßgebend. Ich habe auch in Hamburg den Menschen zu wissen gegeben: Von mir aus können noch hundert Parteien ins Leben gerufen werden, und sie können alle tun und lassen, was sie wollen. Dieses große Geschehen hat mit der Partei, der Parteipolitik nichts zu tun.

(*Beifall*)

Genauso will ich Ihnen auch zu wissen geben, weil ich schon darauf zu sprechen gekommen bin, dass nicht nur heute, sondern auch früher schon den Glauben hatten. Man soll nicht glauben, dass diese den Herrgott verleumden wollen, nein; auch diese haben ein menschliches Herz, auch diese versuchen ihr Herz rein zu halten, auch diese glauben an den Herrgott, wie wir.

(*Beifall*)

Es ist nur eines, dass der eine hier-, der andere dorthin gezogen wird und glaubt, auf dem richtigen Wege zu stehen, um für sein oder aller Menschen Wohl richtig zu kämpfen. Also wollen wir keinen Menschen verachten; wollen wir die Bruderliebe und vor allen Dingen die Schwesterliebe in uns aufnehmen und gut zueinander sein; wollen wir zu unserem Christentum zurückkehren, das viele Menschen seit Jahrzehnten verloren haben; wollen wir den Weg zu Gott zurückfinden!

(*Beifall*)

Von Schleswig-Holstein habe ich den dritten Versuch hier in das schöne Bayernland gemacht. Dieses sollte der letzte Versuch in Deutschland sein.

(*Beifall*)

Und jetzt kann ich Ihnen mitteilen, wie Ihnen allen schon nicht mehr unbekannt sein wird, dass die bayerische Regierung mir keinen Stein in den Weg gelegt, nein, sondern ...

(*Rest im Beifall untergegangen*)

Darauf können Sie alle stolz sein, dass es doch noch Menschen gibt, die Gutes haben wollen, und das ist die Peitsche für die, die dieses alles bekämpft haben, Menschen zu helfen, Menschen zu heilen. Diese Schmutzfinken fühlten sich nur wohl, wenn sie lebten, wenn sie viel Geld verdienten. Sie fragten nicht nach der Krankheit aller Menschen, nein; je kränker das Volk, desto besser lebten sie.

Man hat dort in Westfalen versucht, mich in die Krankenhäuser zu bringen, um eine Prüfung abzulegen. Man hat die Äußerung gemacht: „Der soll nur kommen; den werden wir schon abschießen!" Und so war das auch an diesem einen Tage, diesem bewussten Tage, an dem der Haftbefehl unterzeichnet wurde, an dem einer der Professoren wörtlich gesagt hat: „So wie er nach hier kommt, schießen wir ihn ab!"

(*Zwischenrufe: „Pfui!"*)

Wer dies war, werde ich Ihnen noch genau zu wissen geben. Ich scheue ihn nicht, keinen Menschen, mein Kampf geht weiter! Wie hier, so überall warten alle Menschen in der ganzen Welt, damit ihnen einmal geholfen wird.

(*Beifall*)

Und deshalb stehe ich heute hier. Die erste Heilstätte als solche ist noch nicht so aufgezogen, wie sie sein soll. Hier dieses Grundstück hat uns der Eigentümer, Herr Harwart, zur Verfügung gestellt. Er war der Erste, der mir dieses große Angebot gemacht hat, indem er sagte: „Über alles, was Sie hier sehen, was mein Eigentum ist, können Sie bestimmen, können Sie verfügen."

(*Beifall*)

Ich danke hiermit Herrn Harwart für seine Großzügigkeit, für sein Entgegenkommen,

(*Großer Beifall*)

im Namen aller Kranken.

Die Zeitung, die Presse hat so vieles missverstanden, wollte nicht verstehen, hat hier und dort etwas läuten gehört und glaubte von sich aus, das schreiben zu können, was sie sich so gedacht hatte. Genauso möchte ich eine der ersten Mitteilungen hier in München herausziehen, dass Herr Harwart mich in sein Hotel einlud zu einem Glas Bier. Dieses habe ich befolgt, und zwar deshalb, weil ich wegen seines Entgegenkommens allen Kranken gegenüber dieses nicht ablehnen konnte. Dies werde ich auch nie tun. Es war nicht für mich; es war nicht darum, um einen Schluck Bier zu trinken, nein; um ihm den Dank dafür zu beweisen, dass er uns das Grundstück zur Verfügung gestellt hat. Es hieß in dem Artikel: „Gröning in der Nachtbar.“ Vielleicht habe ich auch noch getanzt!? Aber ich muss Ihnen eins zu wissen geben: Der Gröning darf sich nichts mehr erlauben – so wie ich gesagt habe – ich esse nichts mehr oder sehr wenig, ich brauche auch keinen Schlaf, dann brauche ich auch nicht dort zu sitzen, um meinen Durst zu stillen, um meinen Dank zu bezeugen.

Man hat mir auch das nicht gegönnt, als ich einmal in Hamburg war und ein krankes Kind mich bat, ein Stück Kuchen zu essen. Ich war wegen dieses Kindes von Herford nach Hamburg gefahren, um mein gegebenes Wort einzulösen, und seine Mutter hatte mir ein Essen bereitet, wie es auf einer Hochzeitstafel nicht besser stehen könnte. „Aber ich komme nicht zum Essen“, sagte ich, „ich komme des kranken Kindes wegen.“ Doch das Stück Kuchen zu essen, konnte ich dem kranken Kind nicht abschlagen. Als ich im Begriff war, dieses Stück Kuchen in den Mund zu stecken, kommt ein Zeitungsschreiber; ein junges Kerlchen, das noch nichts erlebt hat und noch nichts weiß; er weiß nur eines, er kann schreiben. Aber was er geschrieben hat, das kann er nicht verantworten: „Gröning bei Kaffee und Kuchen.“ Ich habe ihm die Frage gestellt, ob er wohl noch keinen Kuchen gegessen hätte. Sie sehen, nicht einmal dieses gönnt man mir! Dieses Eine sollen Sie auch wissen, dass ich nicht des Essens wegen komme, nein; ich will von keinem Menschen etwas haben. Was ich haben will, ist und bleibt allein die

Krankheit, indem ich Ihnen dafür durch die Worte Gottes, die Gesundheit vermittle.

(*Beifall*)

(*Zwischenruf: „Wann kommen Sie zu uns nach Österreich?"*)

Damit Sie mich alle richtig verstehen, damit jeder weiß, was mein Plan ist: Ich beabsichtige hier, speziell hier in Bayern, Heilstätten zu errichten, und zwar sollen diese Heilstätten nicht aussehen wie die üblichen Krankenhäuser. Nein. Hier kommen größtenteils die Menschen vorne krank herein und hinten gesund hinaus.

(*Großer Beifall*)

Für einzelne wenige Gehbehinderte werde ich dafür sorgen, dass sie einige Tage dort verbleiben, um sie dann auf eigene Füße stellen zu können.

(*Beifall*)

Ich weiß aber auch, dass eine Heilstätte bei weitem nie ausreichen wird und deswegen habe ich mich entschlossen, viele hier zu errichten, und deshalb muss ich Sie schon alle bitten, zu warten, bis dieses geschehen ist. Jetzt brauchen Sie aber nicht zu denken, dass ich hier nichts tun will! Ich habe bereits viel getan, und viele von Ihnen werden schon einiges verspürt haben.

Als ich vergangene Woche Samstag mich hier vor einer Masse Menschen verabschiedete, habe ich Ihnen zu wissen gegeben, dass in meiner Abwesenheit viele Menschen gesund werden, und zwar habe ich hier drei Menschen beauftragt, Ihnen das zu wissen zu geben, dass ich die Menschen in Fernheilung heilen werde. Dies ist auch, wie mir heute berichtet wurde, geschehen. Darunter sind zwei Blinde, die ihr Augenlicht wieder erhalten haben und viele andere, die gehbehindert, gelähmt waren, organische Leiden und was weiß ich alles hatten, die ihre Gesundheit erhalten haben. Es ist nicht immer notwendig, dass ich den kranken Menschen vor Augen kommen muss. Nein, notwendig ist, dass der kranke Mensch mir das größte Vertrauen und dem Herrgott den Glauben entgegenbringt. Ich kann Ihnen nur sagen, dass schon unzählige Blinde wieder sehen können und die heute noch nicht das Augenlicht wiedererhalten haben, werden es ebenfalls erhalten.

Professoren sagten zu mir, die nicht dafür, sondern dagegen standen: „Ich will Wunder sehen." Sie sagten: „Das können wir auch, Menschen gesund machen." Ich habe nur die Frage gestellt, wo dann gesunde Menschen sind und warum man denn die Kranken nicht gesund gemacht hat? Nein, sie wollten sehen, dass ich zu einem, dem der Arm fehlte, sagte: „Eins, zwei, drei, der Arm muss wieder da sein!" Solche Wunder wollten sie sehen. Ich will nicht damit gesagt haben, überhaupt nicht, dass ich die Ärzte hiermit beschimpfen und in den Dreck ziehen will. Nein, es sind und bleiben meine Freunde, denn sie alle haben hierin einen Beruf gefunden, in dem Glauben, Menschen helfen zu können. Aber einzelne Menschen gibt es, auch unter den Ärzten, die glauben, sich behaupten zu können. Sie glauben, dass der kleine Gröning ihnen das Butterbrot wegnehmen wolle. Nein, ich habe die feste Absicht, ihnen noch etwas darauf zu geben.

(*Beifall*)

Aber andererseits haben sich schon viele Ärzte eingefunden mit der Bitte, hier mitarbeiten zu dürfen, um Menschen zu helfen, Menschen zu heilen. Ich habe immer wieder gesagt: Die 70.000 Ärzte, wie wir sie heute in Deutschland haben, reichen noch gar nicht aus, um allen Menschen schnellstens zu helfen.

118

Man hat mir die Frage gestellt, ob ich die Kraft übertragen kann. Ich sage: Nein! Das geht nicht. Ich bin aber in der Lage, Menschen, die gewillt sind, die bereit sind, Menschen zu helfen, in meinem Auftrag Heilungen vornehmen zu lassen, und jetzt will ich Ihnen noch zu wissen geben: Sobald die Heilstätten hier in Bayern und in ganz Deutschland errichtet sein werden, dann erst werde ich Deutschland verlassen. Aber Sie brauchen nicht denken, dass dann hier nichts geschieht. Nein, die Hilfe kommt so oder so.

Auch gebe ich Ihnen zu wissen, dass ich noch nie danach gefragt habe, welcher Religion oder welcher Nation der Mensch angehört. Alle Menschen haben ein Recht und die Möglichkeit, Hilfe zu erlangen und deswegen haben wir Deutsche nicht nur allein Anspruch darauf, sondern alle Menschen, die auf dieser großen, göttlichen Erde leben. Deswegen muss ich von einem Land zum anderen ziehen. Es wird ja nicht heute oder schon morgen sein, dass ich Deutschland verlasse; nein, erst wenn alles soweit errichtet ist. Sie werden viel zu sehen, viel zu hören und vor allen Dingen am eigenen Leib zu verspüren bekommen, wer unser Herrgott ist. Der Herrgott ist und bleibt der einzige Arzt aller Menschen!

(*Beifall*)

Ich könnte Ihnen so viel erzählen, dass ich in vier, in acht, in zwölf Monaten noch lange nicht fertig werde. Aber ich glaube, dass Sie mich mit diesen kurzen, wenigen Worten gut verstanden haben; wenig Worte, dafür aber viele Taten! Um Sie alle über dieses Geschehen genau aufzuklären, will ich Ihnen über die Presse, in der Hoffnung, dass sie von jetzt ab die Wahrheit schreiben wird, genaue Nachrichten geben; auch über den Rundfunk und nicht zu vergessen über den Film. Der Film, der jetzt gedreht wird, so wie Sie diesen sehen, wird man ebenfalls schon gesunden.

(*Beifall*)

Es sind kranke Menschen zu mir gekommen, die mir berichteten, dass sie mich im Rundfunk sprechen hörten und nur, indem sie meine Stimme hörten, von ihrer Krankheit, die sie schon jahrelang in ihrem Körper verborgen gehalten hatten, befreit worden sind. Es gibt auch viele Menschen, die tatsächlich gesund wurden, wenn sie nur aus der Zeitung oder sonst irgendwie etwas über mich gelesen haben. Dasselbe geschah auch schon bei Menschen, die nur im Begriff waren, ein Bittgesuch an mich zu schreiben.

(*Beifall*)

Ein Mensch schrieb einen Brief mit der Bitte, ihm zu helfen. Als er diesen Brief fertig hatte, war er gesund, und als Dank dafür, weil er wusste, dass ich kein Geld nehme, hat er eine Broschüre geschrieben, (mit dem gelben Umschlag). Ich habe sie nicht gelesen; ich komme ja nicht zum Lesen. Aber ich weiß, dass er nichts Schlimmes geschrieben haben kann. Viele, viele solcher Fälle könnte ich Ihnen aufzählen, aber ich glaube nicht, dass ich das noch muss. Ich bin nicht da, um große Reden zu halten, sondern ich fühle mich verpflichtet, Ihnen zu helfen, zu heilen, das heißt, die Heilung zu übermitteln.

Es ist nicht notwendig, dass der eine oder andere mir seine Leiden aufzählt. Ich weiß viel, viel mehr, als überhaupt ein Mensch nur denken kann. Wenn der eine oder andere den Weg zu mir gefunden hatte und um Hilfe für seine Angehörigen bat, ohne mir zu sagen, wer dieser Kranke war, wo er wohnt, was für ein Leiden er hatte, so war ich in der Lage und bin es auch weiter, ihm diesen Kranken genau mit seinen kranken Stellen zu beschreiben; so wie ich auch in der Lage war zu sagen, was für ein Menschenkind er ist; mit seinem ganzen Vorleben bis zu dieser Stunde. Alles habe ich sagen können und habe auch diesen Menschen die Krankheit auf dem Fernwege abgenommen, indem ich sagte: „Gehen Sie ans Telefon oder versuchen Sie die Verbindung mit diesem Kranken schnellstmöglich aufzunehmen." So wurde der Kranke gesund. Dazu aber muss mir das größte Vertrauen entgegengebracht werden.

Es gibt auch Fälle, dass Ärzte gekommen sind mit der Bitte um Hilfe für schwerkranke Patienten und ich habe ihnen gesagt, was für Krankheiten der eine oder andere gehabt hat und habe gesagt, dass sie auf die Uhr schauen sollen, dass von dieser Stunde an der Kranke seine Gesundheit erhalten hat. Dies ist mir von Ärzten bereits vielfach bestätigt. Ich spreche nicht zu Ihnen, um Propaganda für mich zu machen; nein, sondern um, wie überall, Menschen zu helfen, Menschen zu heilen. Diese Hilfe, diese Heilung geschieht nur im Namen Gottes. Nicht ich, ich bin nichts, der Herrgott ist alles! Es gibt Menschen, die glauben, wenn sie zu mir kommen, dann müssen sie Tage oder auch Wochen opfern und solange hier warten, bis sie vollständig gesund sind. Nein, das ist falsch; das ist Misstrauen. „Wer Misstrauen hat, der bleibt", habe ich Ihnen gesagt, und sage es auch heute. Und wer Vertrauen hat, der geht nach Hause. Und somit wünsche ich Ihnen allen, wie Sie hier stehen, die beste Gesundheit. Werfen Sie die Krankheit ab und nehmen Sie die Gesundheit in sich auf. Dieses geschieht im Namen Gottes!

(*Beifall*)

Sie brauchen nicht gleich ein Misstrauen zu haben, wenn Sie in diesem Augenblick noch nichts verspüren. Meistens geschieht es ja sofort. Aber Sie müssen erst so weit sein, dass Sie sich freimachen von Ihren Sünden; frei von Ihrer Schlechtigkeit, um die Gesundheit aufnehmen zu können. Ich gebe Ihnen zu wissen, dass die Gesund-

121

heit etwas Großes, etwas Gutes, dass sie das rein Göttliche ist und der Herrgott geht nicht an die Menschenleiber, die sich von den Sünden noch nicht befreit oder die gar nicht daran denken, den Weg zu Gott anzutreten.

(*Dankesrufe aus der Menge*)

Nicht mir sind Sie zu Dank verpflichtet, danken Sie hierfür alle dem Herrgott!

(*Beifall*)

Ich bin bereit, allen Menschen zu helfen, alle Menschen zu heilen. Es muss jeder von Ihnen selbst darauf achten und soll nicht sagen: „Herr Gröning, helfen Sie mir!" Achten Sie bitte selbst; nehmen Sie die Gesundheit in Ihren Körper auf. Dann ist alles geschehen. Es wird nicht einer, es werden nicht zehn, es werden Hunderte oder gar alle unter Ihnen sein, die geheilt sind; der eine früher, der andere später. Aber achten Sie bitte selbst. Ich habe gesagt, dass Sie einmal in Ihrem Leben Egoist sein müssen, und das heißt, gesund sein. Es ist nichts Neues, wenn der eine 10, 20, 30, 40 Jahre gelähmt gewesen ist, dass er jetzt mit einem Mal aufstehen und wieder gehen kann. Es ist nichts Neues, dass Menschen, die im Alter von 30, 40 und 50 Jahren noch nie das Augenlicht gehabt haben, plötzlich wieder sehen können oder dass Menschen, die ihr Leben lang schwerhörig oder taub waren, ja, sogar Menschen, die kein Trommelfell hatten, doch das Gehör wieder bekamen. Es liegt nur an Ihnen selbst! Ich werde hier eine Weile verharren und warten, bis hier und dort und überall etwas geschieht.

Quelle:

Archiv Bruno Gröning Stiftung

„Wie ich eben hier feststellte, haben viele von Ihnen Gegenstände heraufgeworfen ...“

Rede von Bruno Gröning, Traberhof bei Rosenheim, 9. September 1949, abends

Hinweis

Dies ist eine Abschrift der stenografisch protokollierten Rede von Bruno Gröning, die er am 9. September 1949 abends auf dem Traberhof bei Rosenheim gehalten hat.

Wie ich eben hier feststellte, haben viele von Ihnen Gegenstände heraufgeworfen, um einen Talisman zu haben. Das braucht nicht zu sein. Ich weiß nicht, ob Sie das wieder zurückbekommen. Ich bitte Sie daher: Nehmen Sie irgendeinen Gegenstand Ihrer Tasche in die rechte Hand! Ich spreche ihn an und es bleibt Ihr Talisman.

Wenn Sie jetzt diesen Gegenstand in der rechten Hand haben, beobachten Sie bitte, was da weiter geschieht. Aber diese Gegenstände dürfen Sie von niemand anderem berühren lassen. Es bleibt allein Ihr Talisman.

Jetzt werden Sie vieles in dieser Hand, in der Sie den Gegenstand festhalten, verspüren. Ein Kribbeln müssen alle haben und das haben Sie auch. Wer nichts verspürt, schließt einen Augenblick die Augen.

Sie brauchen nicht in dem Glauben zu leben, dass hier an Ort und Stelle gleich alles geschieht. Jetzt haben Sie gespürt, dass der Anfang der Gesundung eingetreten ist. Einer wie der andere, soweit er es wert ist, dass ihm geholfen wird, hat das in seinem Körper aufgenommen. Für Ihre bekannten und verwandten

Kranken bitte ich, ebenfalls die Heilung mitzunehmen, indem Sie diesen Kranken den angesprochenen Gegenstand berühren lassen.

Ich hoffe, dass Sie mich verstanden haben und bitte Sie herzlichst, jetzt nach Hause zu gehen und nicht die Nacht hier zu verbringen. Es wird zu viel; ich kann das dann nicht verantworten.

Quelle:

Archiv Bruno Gröning Stiftung

„Und jetzt bitte ich Sie, die Hände, die Sie zusammenhalten, auseinanderzunehmen."

Vortrag von Bruno Gröning, Traberhof bei Rosenheim, Nacht vom 9.9. auf den 10.9.1949

Hinweis

Dies ist eine Abschrift des stenografisch protokollierten Vortrags von Bruno Gröning, den er in der Nacht vom 9. auf den 10. September 1949, der sogenannten „Nacht der großen Heilungen", auf dem Traberhof bei Rosenheim gehalten hat.

Und jetzt bitte ich Sie, die Hände, die Sie zusammenhalten, auseinanderzunehmen. Denken Sie nicht an Ihre Leiden, beobachten Sie Ihren Körper, stellen Sie sich die Frage: Was geht in meinem Körper vor? Verspüren Sie, dass durch Ihren Körper etwas durchgeht, was Sie noch nie verspürt haben?

(*Zwischenrufe: „Ich will sehen, ich will gesund werden!" etc.*)

Ich bitte, nicht einzeln zu sprechen. Jeder will sprechen, sehen, will gehen können. Und das soll ja auch geschehen. Einer früher, einer später, je nach Größe seines Leidens.

Wer jetzt noch Schmerzen hat – vorsichtig überzeugen, ob er tatsächlich noch Schmerzen hat –, geben Sie doch bitte Obacht, ob das dieselben Schmerzen sind.

Ich sage nein! Wer sagt ja, der hebt die Hand. Indem die kranke Stelle warm wird, es sind auch Schmerzen, aber nicht mehr so wie zuvor.

(*Zwischenrufe*)

Wollen Sie bitte nicht hier zwischen rein reden! Ich habe gesagt, geben Sie Acht, was in Ihrem Körper vorgeht. Nicht einzeln sagen!

Seien Sie einmal in Ihrem Leben Egoist. Egoist darum, indem Sie die Gesundheit in sich aufnehmen. Umsonst hat man das Wort nicht gefunden. Egoist sein heißt, gesund sein!

Und deswegen nutzen Sie diese wenigen Minuten aus, um die Gesundheit in sich aufzunehmen und nicht abzuwerfen durch Gedanken, indem Sie glauben: „Ich muss dem Gröning das jetzt sagen!"

Damit Sie mich richtig verstehen, damit Sie wissen, wie weit die göttliche Kraft geht, es ist nicht nötig, dass mir der eine oder der andere das erzählen muss. Ich weiß mehr, als der Mensch sich vorstellen kann.

Ich bin in der Lage und habe den Weg gefunden, ohne dass mir jemand was sagt oder den Wunsch geäußert hat, ohne mir zu sagen, wer er ist, ohne Leiden zu sagen, war ich in der Lage und bin es auch weiter, ihnen, diesen Kranken, seine kranken Stellen aufzuzählen, dass ich sagen konnte, was für ein Menschenkind er ist, sein ganzes Vorleben bis zu dieser Stunde. Alles habe ich sagen können.

Versuchen Sie, mit Ihren kranken Stellen die Verbindung schnell aufzunehmen. Und Sie sind ab dieser Sekunde gesund. Dazu müssen Sie mir das größte Vertrauen entgegenbringen, anders geht es nicht.

Ärzte kamen um Hilfe für Patienten und ich sagte ihnen, was für Krankheiten der eine oder andere hat. Sie konnten auf die Uhr schauen und sehen, wie der Mensch seine Gesundheit erhalten hat.

Ich stehe hier nicht vor Ihnen, um Propaganda zu machen für mich. Ich bin da, um Menschen zu heilen und dieses geschieht im Namen Gottes. Nicht ich, ich bin nichts, Gott ist alles!

Es gab Menschen, die glaubten, wenn sie zu mir kommen, da müssten sie Tage und Wochen warten, bis sie vollständig gesund sind. Wer Misstrauen hat, der bleibt, und wer Vertrauen hat, geht nach Hause und nimmt die Gesundheit mit. Und somit wünsche ich Ihnen allen, wie Sie hier stehen, die beste Gesundheit. Werfen Sie die Krankheit weg und nehmen Sie die Gesundheit auf! Dieses geschieht im Namen Gottes!

Sie brauchen nicht gleich ein Misstrauen zu haben, wenn in diesem Augenblick, wie hier viele Gelähmte, Blinde, wie hier schwerkranke Menschen liegen oder stehen, es nicht gleich geschieht. Meistens geschieht es sofort, aber hier müssen Sie erst soweit sein, dass Sie sich frei von Ihrer Schlechtigkeit gemacht haben, frei von allem, um Gesundheit aufnehmen zu können. Gesundheit ist Großes und rein Göttliches. Und der Herrgott geht nicht in Menschenleiber, die sich nicht davon befreit haben und nicht daran denken, den Weg zu Gott anzutreten.

(*Zwischenrufe: „Sie ist geheilt, sie kann gehen!"*)

Mir sind Sie nicht zu Dank verpflichtet, danken Sie dem Herrgott!

(*Gesang: Großer Gott, wir loben dich.*)

Ich bin bereit, alle Menschen zu heilen, allen Menschen zu helfen. Nur muss jeder von Ihnen selbst darauf achten und nicht hier sagen: „Herr Gröning, helfen Sie mir!" Nehmen Sie einer wie der andere die Gesundheit in Ihrem Körper auf, dann ist alles geschehen. Einmal müssen Sie Egoist sein und das heißt, gesund sein.

127

Es ist nichts Neues, wenn einer 30 oder 40 Jahre gelähmt war, dass er jetzt mit einmal gehen kann. Es ist nichts Neues, wenn Menschen im Alter von 50 Jahren das Augenlicht nicht hatten, mit einmal wieder sehen können. Die ihr Leben taub waren, die überhaupt nichts hörten, Menschen, die kein Trommelfell hatten und doch das Gehör wieder bekamen. Es liegt nur an Ihnen selbst.

Ich werde hier eine Weile verharren und warten, bis hier und dort was geschieht.

Ich bitte die Blinden, die Augen einmal ganz kurz zu schließen und zu öffnen, dass die Augen warm werden und dass im Kopf ein Ziehen und ein Arbeiten ist, und damit ist der Anfang vom Sehen wieder da.

(Zurufe. Einige Heilungen. Die Menge betet laut das Vaterunser. Dann: Wir danken alle Gott.)

Nehmen Sie irgendeinen Gegenstand in die rechte Hand, ich werde ihn besprechen. Sie dürfen diesen Gegenstand nicht aus der Hand geben.

Hunderte von Fällen, wo Menschen die Heilung empfangen haben, aber nichts wieder von sich hören ließen. Ich möchte Sie bitten, dieses zu tun, damit wir jedem die Sicherheit und Garantie geben können damit, dass der Fall, dieses, im Dokumentarfilm festgehalten wird.

Ich will helfen, aber ich möchte Sie alle bitten, keine Propaganda für mich zu machen, die Tatsachen sollen sprechen!

Ich bitte Sie ganz herzlich, nach Hause zu gehen. Sie tun mir leid, wenn Sie die Nacht hier dastehen wollen.

Ich habe nicht die Absicht, die Heilungen zu vollziehen wie heute. In Zukunft sollen die Heilstätten alles bewirken, dass alles in einem richtigen Zustand vor sich geht.

Der größte Teil weiß noch nicht, was eigentlich los ist. Deswegen bedarf es, bis allen Menschen geholfen wird, dass es in einer geordneten Weise vor sich geht.

Und die Aufklärung sollen Sie haben, denn jede Frage ist ein Misstrauen. Denn es geht nicht, dass jeder Einzelne seinen Wunsch äußert. Nein! Es ist mein bester Wille, dieses alles geordnet zu wissen. Am Tage werde ich ein paar tausend Menschen abfertigen.

Und deswegen, wenn der eine oder andere noch die Hilfe glaubt zu haben, später, wenn der Ruf durch die Presse erfolgt, zu 90 Prozent diese Hilfe erhält.

(*Großer Gott, wir loben dich. Zurufe etc.*)

Ich verstehe alles, deswegen bin ich ja hier, deswegen gebe ich mein ganzes Leben dafür. Jeder soll frei sein, nur ich bin es nicht. Deswegen müssen Sie das Vertrauen aufbringen.

Man will mich einkesseln. Das Einkesseln bin ich gewöhnt, ich bin Soldat gewesen. Sie alle werden das erhalten, wie Sie es zu erhalten haben.

Ich möchte mich heute von Ihnen verabschieden und wünsche Ihnen für Ihr weiteres Leben beste Gesundheit!

Sie müssen die Vernunft aufbringen und mir Vertrauen entgegenbringen. Was bisher keinem Menschen möglich war zu heilen, Blinde sehen, Gelähmte gehen, das habe ich gemacht.

Nehmen Sie Vernunft an und gehen Sie nach Hause! Ich weiß alles, jeder hat seine Sorgen und sein Leid. Es würde mir bitter wehtun, wenn ich Sie die Nacht über noch hier sehen würde. Ich kann das nicht ertragen.

Quelle:

Archiv „Bruno Gröning Stiftung

„Sie haben mich mit Ihrem Kommen in meiner Abwesenheit überrumpelt.“

Rede von Bruno Gröning, Traberhof bei Rosenheim, 10. September 1949, gegen 1 Uhr nachts

Hinweis

Dies ist eine Abschrift der stenografisch protokollierten Rede von Bruno Gröning, die er am 10. September 1949 gegen 1 Uhr nachts auf dem Traberhof bei Rosenheim gehalten hat.

Meine lieben Heilungssuchenden!

Sie haben mich mit Ihrem Kommen in meiner Abwesenheit überrumpelt. So wie das Bild heute und gestern ist, soll es in Zukunft nicht mehr aussehen. Es ist ein Ding der Unmöglichkeit, dass ich mich als einzelner Mensch so zerreißen muss.

Ich bitte Sie, einstweilen von dem Kommen Abstand zu nehmen, und zwar deshalb, wie ich die feste Absicht habe, für Sie Heilstätten zu errichten, und zwar deshalb, weil ich dieses Draußen-Stehen vermeiden will und muss und außerdem, dass alles viel geregelter vor sich geht, als es jetzt der Fall ist.

Sie werden mir bestimmt alle recht geben müssen, dass es so nicht geht.

Massenheilungen am laufenden Band! Ich habe nichts dagegen. Sie sind noch sehr unwissend. Sie glauben, mir Ihr Leiden erzählen zu müssen. Wer zu mir kommt, lässt das Geld und den Arzt zu Hause. Mitzubringen hat er nur die Krankheit und das Vertrauen mit dem festen Glauben an unseren Herrgott, dass er Sie alle heilen will.

Ich stehe nur dazwischen als kleiner Vermittler.

131

Ich habe überhaupt nicht die Absicht gehabt, Ihnen gleich die Hilfe zu geben. Aber wozu das alles.

Da ich Deutschland verlassen wollte, glaubten Sie, dass es der Fall sein würde, und deswegen haben Sie Tage hier gewartet.

Da aber die bayerische Regierung das beste Verständnis hierfür aufgebracht hat und den Weg freigegeben hat, dass Ihnen geholfen werden kann, und deswegen darf ich Deutschland einstweilen nicht verlassen.

(*Beifall*)

Und das Wort, das ich meinen deutschen Mitmenschen gleich am Tage des Verbotes gegeben habe, habe ich eingehalten.

(*Beifall*)

Ich halte schon, was ich verspreche. Nur muss man mir Vertrauen soweit entgegenbringen. Und wenn es nicht gleich geschieht, geschieht es später, an Ort und Stelle, restlos.

Es bedarf nur alles seine Zeit!

Schön, dass Blinde sehen und Gelähmte gehen, aber es ist immer noch nicht so 100%ig, denn sie müssen sich erst umstellen. Meistens geht es schnell, aber wer sich darauf versteift, dass es schnell geht, das Recht steht keinem Menschen zu, Derartiges zu verlangen.

Nur nicht drängen und verlangen, den Herrgott bitten und immer und immer dafür danken.

(*Vertrauensvoller Zuruf: „Ich will warten, bis Sie mir helfen!"*)

Jeder, der ein Leiden hat von Ihnen, denke jetzt daran und achte darauf, was in seinem Körper vorgeht. Dazu bitte ich Sie, die Hände auseinanderzunehmen.

(*Frage eines Idioten dazwischen: „Wie lange dauert es denn, bis ich gesund bin?"*)

Auch die Blinden bitte ich, die Augen zu schließen, damit sie sich konzentrieren. Einzelne sehe ich hier, die schon vor acht Tagen hier waren. Ich nenne dieses Misstrauen. Es braucht jeder nur einmal zu kommen, da bekommt er alles was er braucht.

Quelle:

Archiv Bruno Gröning Stiftung

„Ich will heute nicht viel Worte machen, da ich wenig Zeit habe."

Rede von Bruno Gröning, Traberhof bei Rosenheim, 11. September 1949, vormittags

Hinweis

Dies ist eine Abschrift der stenografisch protokollierten Rede von Bruno Gröning, die er am 11. September 1949, vormittags, auf dem Traberhof bei Rosenheim gehalten hat.

Ich will heute nicht viel Worte machen, da ich wenig Zeit habe. Der Vorredner hat schon die Worte gebraucht, die ich Ihnen sagen wollte. Ich glaube, dass Sie alle voll und ganz verstanden haben, dass Ihr Weg nicht umsonst ist. Warten Sie bitte hier eine Stunde, wenn ich auch fort bin. In der Zeit vollziehe ich eine Fernheilung. Es ist nicht die erste und auch noch nicht die letzte! Ihr Weg ist nicht umsonst. Wenn Sie hier an Ort und Stelle nicht gleich etwas verspüren, so weiß ich ganz genau, dass Sie mir den Bescheid schriftlich übermitteln werden, dass Sie doch die Krankheit hier haben liegen lassen.

Ich glaube, mich mit diesen Worten verabschieden zu können. Die Zeit drängt, und ich hoffe, dass Sie dann schließlich nach Hause gehen und all Ihren verwandten und bekannten Kranken sagen, dass ich im Laufe dieser Woche nicht hier sein werde. Es muss einmal ein anderer Zustand eintreten, indem ich endgültig zu den Heilstätten übergehe, die mir in einem großen Maße bereits angeboten sind. Leider habe ich bis heute nicht die Zeit gehabt, sie zu besichtigen, noch einrichten zu lassen. Es dauert nicht allzu lange, dann wird es soweit sein, dass alles in geordneten Verhältnissen abläuft.

Ich habe Sie mit Absicht bis jetzt warten lassen, damit es sich auch lohnt, damit mehrere Menschen hinzukommen. Und ich bitte Sie, auch den Menschen dies mitzuteilen, die nach Ihnen kommen. Sie empfangen genau dasselbe. Haben Sie Vertrauen

(*Zwischenrufe:* „*Ja!*")

und stärken Sie Ihren Glauben.

(*Zwischenrufe:* „*Ja!*")

Auf Wiedersehen!

Quelle:
Archiv Bruno Gröning Stiftung

„In der Hoffnung, dass der Weg zur Gesundung bald freigegeben wird ..."

Rede von Bruno Gröning, München, 11. September 1949, nachmittags

Hinweis

Dies ist eine Abschrift der stenografisch protokollierten Rede von Bruno Gröning, die er am 11. September 1949, nachmittags, in München vom Redaktionsfenster der „Münchner Allgemeinen" aus gehalten hat.

Meine lieben Heilungssuchenden!

In der Hoffnung, dass der Weg zur Gesundung bald freigegeben wird, begrüße ich Sie hier auf das Herzlichste. Es soll nicht meine Sache sein, Ich setze alles daran; ich habe bis zum heutigen Tage nichts unversucht gelassen. Nichts für mich, alles für die Menschen, Menschen, die sich seit Jahren nach der Gesundung sehnen, denen ich weiter nichts als ihre Gesundheit wieder geben will. Deshalb bitte ich Sie, solange noch zu warten, bis ich etwas Festes in der Hand habe, das heißt, bis man mir schriftlich bestätigt hat, dass ich das tun darf, wozu ich mich verpflichtet fühle. Ich helfe nicht nur Ihnen; ich möchte allen helfen. Deshalb bitte ich Sie, mich nicht zu verzetteln und solange zu warten, bis dieser Tag und die Stunde da sein wird.

Der Kranke, der Einzelne oder Sie alle, wie Sie hier unten stehen, werden schon viel im Körper verspürt haben. Den Dank bitte ich nicht an den kleinen Gröning auszusprechen, sondern danken Sie doch allein unserem Herrgott! Ich bitte Sie aber, nach Möglichkeit sich ruhig zu verhalten und alles, was mich und Sie angeht, genau zu beobachten. Beobachten Sie bitte Ihren ganzen Körper; dann

136

haben Sie so viel zu tun, dass Sie vielleicht – ich sage vielleicht – das empfangen, wonach Sie sich schon lange gesehnt haben. Meistens oder immer ist es so gewesen, dass viele Menschen auch gefunden haben, was sie suchten, und das ist immer die Gesundheit. Es liegt nun an Ihnen selbst, ob Sie warten wollen, das heißt, ob Sie Ihr Herz so bereit gemacht haben, dass Sie in der Lage sind, das Göttliche anzunehmen.

Ich bitte Sie, dass Sie jetzt reibungslos dieses Plätzchen verlassen. Seien Sie vernünftig; überzeugen Sie sich von dem, was Sie selbst schon in Ihren Körper bekommen haben! Es wird Ihnen Gelegenheit gegeben werden, dass Sie den Weg zu mir finden und dass Sie zu mir kommen können.

Quelle:
Archiv Bruno Gröning Stiftung

Gröning beantwortet den Presseleuten Hagen und Heuner zehn Fragen

Bruno Gröning, 24. September 1949

Hinweis

Dies ist eine Abschrift eines stenografisch protokollierten Interviews von Bruno Gröning vom 24. September 1949.

1. Halten Sie Ihren Grundplan (Heilstätten) trotz der inzwischen aufgetretenen Schwierigkeiten in absehbarer Zeit für durch-führbar?

Gröning: Ich lasse nichts unversucht. Von meinem Plane gehe ich nicht ab.

2. Wo läge nach Ihrer Meinung die wesentlichste praktische Unterstützung für Sie?

Gröning: Auf privater Seite, vonseiten des bereits bestehenden Rings der Freunde und Förderer, und ich hoffe auf die Unterstützung vonseiten des Staates. Kurz gesagt, ein Volk hilft sich selbst.

3. Wie denken Sie sich eine Finanzierung der Heilstätten 1.) mit, 2.) ohne staatliche oder städtische Zuwendung.

Gröning: Zu 1.): Staatliche finanzielle Unterstützung wäre das Nützlichste. Der Staat wäre an sich verpflichtet, diesen Gedanken aufzunehmen und zu unterstützen. Auch die Krankenkassen und Versicherungen könnten zweckmäßiger Weise zur eigenen Ent-lastung helfen.

Zu 2.): Sollte die Unterstützung von den unter 1.) angegebenen Stellen nicht für not- oder zweckmäßig gehalten werden, so greife ich zu den freiwilligen Spenden opferbereiter Nächstenliebe.

4. *Gedenken Sie, alle infrage kommenden Objekte zuerst selbst zu besichtigen, ehe endgültige Entscheidungen fallen und ein Anfang in Fragen der Heilstätten gemacht werden kann?*

Gröning: Ja. Sämtliche An- und Einweisungen gebe ich selbst.

5 . *Halten Sie eine verständnisvolle Zusammenarbeit mit der Ärzteschaft nach Ihren bisherigen Erfahrungen für möglich?*

Gröning: Ja. Wer den Weg zu mir findet, Menschen zu helfen und zu heilen, muss sich allerdings meiner Heilmethode unterstellen.

6. *Wie viele Angebote ärztlicherseits zur Mitarbeit liegen vor?*

Gröning: Einige hundert.

7. *Werden Sie Rosenheim als Hauptquartier in Bayern beibehalten, ohne sich dabei auf Rosenheim bevorzugt einzustellen?*

Gröning: Bevor die hierzu benötigte Raumfrage nicht geklärt ist, kann ich zu dieser Frage vorerst keine Stellung nehmen.

8. *Sehen Sie eine Möglichkeit, die Unterstützung der Behörden zu beschleunigen?*

Gröning: Ich selbst tue nichts dazu. Ich hoffe und wünsche es, dass mir vonseiten der Regierung die Hilfe und Unterstützung entgegengebracht wird.

9 . *Wie hoch schätzen Sie selbst, prozentual ausgedrückt, Ihre Heilkraft und Heilfähigkeit ein?*

Gröning: Ich schicke hier voraus, dass die Hilfe und die Heilung nur dem zuteil wird, der sich mit dem Herrgott verbunden fühlt und sich nie von dem Schlechten, Teuflischen beeinflussen lässt. Jeder erhält die Hilfe Gottes, soweit er es wert ist, dass ihm geholfen wird. Es liegt am Menschen selbst!

10. *Gedenken Sie, außer dem bereits der Öffentlichkeit bekannten Stab von Mitarbeitern, weitere Personen zu ermächtigen, in Ihrem Auftrag zu sprechen oder zu handeln?*

Gröning: Den Mitarbeiterstab werde ich den Erfordernissen entsprechend erst dann erweitern, so wie ich die Eignung der einzelnen Personen genau überprüft habe. Eine endgültige Vollmacht, in meinem Namen sprechen zu können, erteile ich nur dem, der in der Lage ist, selbstlos und gewissenhaft mir zur Seite zu stehen. Eine Vollmacht hat erst dann Gültigkeit, wenn sie von mir und meinem Anwalt, Herrn Dr. Rödel, München, unterzeichnet ist. Wer im Besitze einer solchen Vollmacht ist, kann in meinem Namen zeichnen.

Quelle:

Archiv Bruno Gröning Stiftung

„Soeben haben Sie aus dem Munde eines ehrlichen, aufrechten Journalisten gehört ...“

Vortrag von Bruno Gröning, Traberhof bei Rosenheim,

24. September 1949, nachmittags

Hinweis

Dies ist eine Abschrift des stenografisch protokollierten Vortrags von Bruno Gröning, den er am 24 September 1949, nachmittags, auf dem Traberhof bei Rosenheim gehalten hat.

Hagen:

Herr Gröning hat mich beauftragt, ein paar Worte zu Ihnen zu sprechen. Er wird sofort selber erscheinen. Die Sache ist die: Wir haben schon stundenlange Besprechungen mit einigen Herren von der Presse geführt. Herr Gröning ist tagelang, beinahe zwei Wochen, weg gewesen. Viele von Ihnen haben gewartet. Der Grund, dass Herr Gröning weg war, war der, wie Sie selber Gelegenheit hatten, festzustellen, dass in der Zwischenzeit von vielen Seiten her Anfeindungen gegen Herrn Gröning statt-gefunden haben. Es hat eine ganze Reihe – ich gehöre selber zur Presse – Schmierfinken auf diesem Gebiet gegeben. Es gibt aber auch in der Presse noch sehr viele Journalisten, denen es darum geht, nachdem sie selber gesehen haben, welchen Einfluss Herr Gröning auf sie hat, ihm zu helfen, die ganze Situation zu klären. Wir sind damit beschäftigt, diesen Schmierfinken endlich eine gute Lektion zu erteilen!

(Beifall)

Sie müssen auf der anderen Seite die Schwierigkeiten verstehen, die ein Mann wie Gröning bei seiner Arbeit hat. Sie können sich

141

keinen Begriff machen, dass schon Hunderttausende von Briefen gekommen sind, dass Hunderttausende von Menschen warten und dass man ihnen allen tatsächlich nur helfen kann, wenn es glückt, dieses alles in geordnete, organisierte Bahnen zu leiten, damit schließlich und endlich jedem geholfen werden kann. Wenn Sie nachher Herrn Gröning gehört haben, dann wollen wir Sie bitten, mit uns zusammen diesen Kampf gegen Laster und Schmutz zu führen.

(*Beifall*)

Denn nur mit Ihrer Hilfe, wenn Sie das weiter tragen, wird es möglich sein, dass wir die Öffentlichkeit dazu bringen, dass wir endlich zur Errichtung der Heilstätten kommen, die dringend für Sie alle nötig sind. Das ist alles, was ich Ihnen zu sagen hatte. Sie werden verstehen, warum ich Sie warten lassen musste. Jetzt wird er selber zu Ihnen sprechen.

Bruno Gröning:

Meine lieben Heilungssuchenden!

Soeben haben Sie aus dem Munde eines ehrlichen, aufrechten Journalisten gehört, was alles für schlechte Menschen am Werk sind, dieses gute, dieses große, göttliche Werk zu zerstören. Nichts lässt man unversucht. Aber wir brauchen uns gar nicht zu wundern, wenn wir uns die Frage wieder vor Augen stellen:

Wie war es, als unser Jesus auf der Erde war; was hat man da alles angestellt; was hat man da nicht unversucht gelassen, ihn zu vernichten? Ich gebe Ihnen zu wissen, dass ich heute schon genauso dastehe, dass Menschen es nicht scheuen, genau dasselbe zu tun, was man früher getan hat.

(*Pfui-Rufe*)

Ich werde verfolgt auf Steg und Weg. Man hat versucht, mich irgendwie zu vergiften. Man hat versucht, mich zu verschleppen, das heißt, gefangen zu halten, damit ich vielleicht dort der Vernichtung entgegengehe. Nichts ist diesen Menschen schlecht genug, mich aus dem Wege zu räumen. Ich sage Ihnen hier offen, dass ich nichts fürchte. Der Herrgott ist bei mir! Genauso muss ich Ihnen auch zu wissen geben, dass ich diese Zustände, wie sie zurzeit noch herrschen, nicht länger dulden kann. Und ich werde gegen diese Schmutzigkeiten zu antworten wissen. Ich habe heute so einzelne, kleine Sachen hier schon aufgedeckt. Ich bin in der Lage, gegen jeden anzutreten. Hier hat es Menschen gegeben, die sich den Weg erschlichen haben, nur etwas gesagt und dann nach außen hin die Behauptung aufgestellt haben, nicht sie hätten es gesagt, sondern ich hätte es gesagt. Es macht mir nichts aus, ich bleibe bei der Wahrheit.

Das Leben gehört nicht mir, sondern mein Leben gehört Ihnen allen, um Ihnen allen helfen zu können, und dass ich gestört werde, das lässt mich kalt. Aber die Antwort geben muss ich; komme was da wolle! Für mein Leben fürchte ich nichts. Ich weiß, dass niemand in der Lage sein wird, mich auf diese Art und Weise, wie sie beabsichtigt haben, beiseite zu bringen. Das wird ihnen nicht glücken. Ich stehe nicht allein, der Herrgott ist bei mir, so wie ich mit Ihm immer gelebt habe und weiter zu leben gedenke. Das ist mein Schutz, den ich habe. Einen menschlichen Schutz brauche ich mehr oder weniger nicht. Ich lebe nicht für mich; ich lebe für die Menschheit!

Ich bitte nochmals um Entschuldigung, dass ich Sie hier den ganzen Tag habe warten lassen. Es war nicht meine Schuld; es war nicht meine Absicht. Ich hätte es Ihnen ja gleich sagen können, aber die Zeit war so kostbar; das heißt, ich musste diese Dinge erst mal klären und so wird es jetzt tagein, tagaus gehen. Schade um die schöne Zeit, die dadurch verloren geht. Aber ich muss diese Zeit schon opfern; ich muss diesen Gerüchten entgegentreten und ich muss allein damit fertig werden. Und ich glaube, Ihnen mit Bestimmtheit sagen zu können, dass ich damit fertig werde. Nichts für mich, alles für die Menschheit!

Ich habe Ihnen schon zu wissen gegeben, dass ich mich auf dem besten Wege befinde, Heilstätten zu errichten, überall, vorerst in Deutschland, dann in der ganzen Welt. Ich weiß, dass Menschen hier sagen: „Was will der kleine Kerl? Der ist irrsinnig, wahnsinnig!" Das schadet nichts!

Tausende und Abertausende von Menschen sind schon gesund geworden, was mich nicht schwächt; im Gegenteil, was mich stärkt. So wie ich Sie heute vor mir stehen sehe, so habe ich sie vor einer kurzen Zeit in einem größeren Häuflein gesehen. Unzählige von Menschen haben hier gestanden, haben Heilung erhofft und sie auch zum größten Teil erhalten. Aber so kann es nicht weitergehen. Es wird Ihnen schon bekannt sein, dass ich gesagt habe: Ich will keinen Rummel aufziehen, ich will geordnete Verhältnisse wissen, und zwar will ich Heilstätten errichten, und hier und dort will ich es jedem Menschen so bequem wie möglich machen, damit er Geld und Zeit und auch Worte spart. Er braucht mir nicht zu sagen, was für ein Leiden er hat. Nein, das weiß ich selbst, und ich weiß mehr, als Sie denken können. Deswegen will ich mich nicht erheben, aber wenn ich dazu die Befähigung habe, dann können Sie mir das Vertrauen schenken.

Ich will Ihnen das Leben nicht erschweren; ich will es Ihnen leichter machen. Ich will Ihnen die Gesundheit geben, das heißt nicht ich, sondern ich stehe vor Ihnen nach wie vor nur als ein kleiner Vermittler unseres Herrgottes da. Unser Herrgott ist und bleibt alles! Er ist unser Vater! Wir alle sind nur Kinder Gottes! Der größte Arzt aller Menschen ist und bleibt allein unser Herrgott! Nur mit Seiner Hilfe können wir rechnen, wenn wir gewillt sind, den Glauben in uns aufzunehmen oder wenn wir von diesem Glauben schon beseelt sind, dass wir bereit sind, mit diesem Glauben zu leben, dann haben wir alles. Und das Größte, was ein Mensch besitzen kann, ist und bleibt die Gesundheit. Wer gesund ist, hat alles und kann sich sein Brot gut verdienen. Wer krank ist, muss zusehen, wie der Gesunde eben sein Brot verdient und es essen kann, wie der Kranke nicht dazu in der Lage ist, weil ihm der Appetit und weil ihm überhaupt die Mittel fehlen.

Gesundheit ist alles! Aber die Gesundheit kann ein Mensch nur erhalten, wenn er mit dem Glauben an unseren Herrgott lebt.

Und jetzt seien Sie bitte nicht betrübt, wenn ich Ihnen zu wissen gebe, dass ich hier an dieser Stelle keine Heilung vollziehe. Ich nehme mich selbst beim Wort, weil ich gesagt habe: Ich will geordnete Verhältnisse wissen. Warten Sie auf den Tag, bis ich Sie rufen lasse, dass Sie hier und dort diese und jene Heilstätte aufsuchen können, um dort das zu erhalten, was Sie sich schon seit Jahrzehnten erhofft haben: Die Gesundheit.

Ich will aber in diesen Heilstätten unsere Ärzte, die sich bereit erklärt haben, hier mitzuarbeiten, mit einschalten, indem sie bei Menschen, die von einem organischen Leiden befallen sind, die Voruntersuchung und dann die Nachuntersuchung vornehmen. Ich will und muss mich sichern auf allen Wegen, und auch dieses will ich wissen, ob Sie gesund geworden sind oder ob das nur eine Einbildung ist. Denn vereinzelt wird von Schmutzfinken immer wieder behauptet: „Das ist nur Einbildung; die sind gar nicht gesund; der Gröning hat sie nur hypnotisiert; die fallen ja doch wieder zurück."

Jawohl, verfallen tut ein Mensch wieder, wenn er den Glauben verliert. Wenn er dem Teufel wieder verfällt, dann ist er es nicht wert, die Gesundheit in seinem Körper zu behalten, denn der Teufel will nichts als wieder das Schlechte vom Menschen.

Ich hoffe, dass Sie mich verstanden haben, und ich bitte mich zu entschuldigen, dass ich hier keine Heilung vollstrecke, weil ich mich selbst beim Wort nehmen muss. Ich will und muss geordnete Verhältnisse sehen, und da kann ich Ihnen garantiert schon die Hilfe bringen.

(*Zwischenrufe aus der Menge: Bitte um Heilung!*)

Sie sehen hier einen Geistlichen vor sich, der nicht den Weg gescheut hat, aus Italien hierher zu kommen. Es hat schon weite Kreise ergriffen, die sich sagen, es ist kein Spott, kein Schein, keine Verzauberung, nein, es bleibt das rein Göttliche, es ist kein Lug und Trug, sondern es ist die reine Wahrheit.

(*Aus der Menge Weinen, Bitten um Heilung*)

Darf ich einen Augenblick um Ruhe bitten!

Ansprache eines italienischen Geistlichen:

Meine Geliebten!

Ich bin tief ergriffen durch die Worte des Herrn Gröning, und ich muss Ihnen gestehen, dass ich erinnert werde an das Wort der

Heiligen Schrift: „An ihren Früchten werdet ihr sie erkennen." Der göttliche Heiland sagte das in Bezug auf jeden Menschen. Und die Frucht ist eine gute. Darum sollen die Menschen, die es sich zur Absicht gemacht haben, diesem Mann Gottes in den Weg zu treten, davon absehen, denn die Frucht ist eine gute!

Nicht so sehr werden die Menschen Gott angenehm und Gott ähnlich als durch das Gesundheit-Bringen den anderen. Und wenn Cicero dies in Bezug auf den ärztlichen Stand sagte, so gilt dies auch für diesen Mann Gottes, der beauftragt ist, die Kranken zu heilen. Wir sehen es, angefangen von Christus bis auf den heutigen Tag, wir lesen dies im Leben der Heiligen, wie die Heiligen, ähnlich dem hier, Wundertaten vollzogen haben in großem Glauben. Und der Herr selbst sagte: „Dein Glaube hat dir geholfen!"

Ich kann sehen, dass Sie von einem tiefen Glauben beseelt sind für diesen Mann Gottes, und wenn Ärzte und Gelehrte, die ihm feindlich gesinnt sind, antworten, er hat keine Studien hinter sich wie sie, so ist das lachhaft, denn Gott lässt sich nicht vorschreiben, was er tut! Der Geist Gottes weilt, wo er will, und er offenbart seine Größe und Allmacht am meisten den demütigen Menschen.

Es sollte sich gerade das deutsche Volk freuen, dass ein Mann berufen ist, den geängstigten Seelen, den verdorrten Leibern Gesundheit und die Gnade, den Frieden, zu bringen. Ich hoffe, dass in Zukunft doch die Vernunft siegen wird und dass die Werke Gottes, die damit offenbar werden, so offensichtlich und deutlich zu Tage treten, dass diesen in Zukunft niemand mehr widerstehen kann.

Und wie Herr Gröning schon andeutete, ist es sehr gut, dass Mediziner eine Voruntersuchung und eine Nachuntersuchung

147

machen, denn die Bosheit der Menschen ist sehr groß. Sie haben Christus nachgestellt und sie haben seinen Jüngern nachgestellt und sie stellen jedem Menschen nach. Sie haben auch fromme Priester verfolgt, die im Namen Gottes Kranke geheilt haben. Darum haben Sie Mut und Vertrauen und folgen Sie dem, was Herr Gröning Ihnen sagt.

Ich habe heute früh in München in einer Wirtschaft gewartet, wo Herr Gröning hinkommen sollte, und da war ich sehr bange, als ich die bedrückenden Nachrichten aus der Presse und auch sonst hörte. Und da ist mir wieder das Schriftwort in den Sinn gekommen: „Und sie ließen sich nicht lange beraten vom falschen Herodes, und sie nahmen ihren Weg nur stracks nach Bethlehem, und sie gingen hin und fanden dort den Herrn."

Die Werke Gottes werden in Zukunft offenbar werden! Darum haben Sie Vertrauen! Und wenn er nicht mehr heilen wird von hier aus, sondern seine Wirkung an einer anderen Stätte aufschlagen muss, so sehen Sie darin den Willen Gottes, und haben Sie großes Vertrauen, und verdoppeln Sie Ihre Gebete. Den Gegnern halten Sie das Schriftwort entgegen: „An ihren Früchten werdet ihr sie erkennen" und auch jenes: „Wollet nicht verleumden meine Propheten". Tatsächlich ist die Gabe der Krankenheilung höher als die Prophetengabe; denn was gibt es Schöneres, als den Menschen Heilung zu bringen? Wie der göttliche Lehrmeister durch Palästina gezogen ist und den Kranken geholfen, ihnen die Hände aufgelegt, und sie konnten sprechen oder hören, oder wer von bösen Geistern geplagt war, wurde von ihnen befreit.

Die heutige Menschheit, wir alle stehen unter dem Einfluss der bösen Geister. Diese Macht zu bannen, müssen wir einen ganz großen Glauben haben und dieser Berge versetzende Glaube, ein gewisses Fluidum, geht von diesem Mann Gottes aus. Darum haben Sie Vertrauen, und nehmen Sie Ihr Kreuz, wie auch ich ein Kreuz zu tragen habe. Ich bin noch nicht Priester und habe einen schweren Lebensweg hinter mir; aber im Vertrauen auf Gott. Ich selber bin krank und mit dem Blick auf den Gekreuzigten müssen wir unser Kreuz auf uns nehmen. Die Heilige Jungfrau möge euch segnen, den Gottesmann beschützen und ihn für viele Jahre der deutschen Nation erhalten, damit er ihr Glück und Gesundheit bringen möge. Das walte Gott und die Heilige Jungfrau.

Tief beeindruckt von eurem Gottesglauben möchte ich noch einige Worte an euch richten. Ich will euch einen Rat geben: Ein jeder trage des anderen Last, und seid lieb und gut zueinander. Das Gebot der Nächstenliebe ist das größte Gebot nach der Gottesliebe!

Und richtet nicht, damit Ihr nicht gerichtet werdet. Mit dem Maß, mit dem man ausmisst, wird einem eingemessen, sagt der Herr. Und was Ihr redet, siebt es durch drei Siebe: Durch das Sieb der Wahrheit, der Notwendigkeit und der Liebe. Wenn Ihr zu urteilen habt, so siebt auch das durch diese drei Siebe, denn das Maß der Gottesliebe ist das Maß der Nächstenliebe. Der Leuchtturm der Liebe soll ausstrahlen und soll erhellen die Finsternis dieser Welt.

Ich habe heute in München eine Frau gesehen, die heillos über den Gottesmann und Wundertäter geschimpft hat. Ich habe sie zur Sprache gestellt und habe sie gefragt, ob sie ihn jemals gesehen hat. Sie antwortete mit: „Nein." Also habe ich gesagt: „Wie können Sie so etwas beurteilen, was Sie noch nie gesehen haben?" Hätte diese Frau das durch diese drei Siebe getan, so hätte sie nicht so geurteilt. Hütet euch, einen Menschen, der Gottes Werk tut, zu verfolgen; denn dieses wird Strafe und Unglück nach sich ziehen. Ich habe schon viel übernatürliche Dinge gesehen und ich sage

149

Ihnen: Wo der Finger Gottes ist, wenn sich da Menschen dagegen stellen; sie werden niedergeschmettert werden. Darum tretet den Feinden Grönings entgegen, die nie das Glück gehabt, ihn zu sehen, sie sollen sich lieber hüten. Was nicht wahr ist, das darf nicht gesprochen werden.

Die Frau ist erzürnt von mir weggegangen und ich habe ihr das Heilige Kreuzzeichen nachgesandt. Der göttliche Heiland hat uns durch sein kostbares Blut erlöst, und er hat uns vorgelebt, wie wir in den Tagen der Trübsal leben müssen.

Ihr habt das Glück gehabt, den Gottesmann vor euch zu sehen und seine heilbringenden Worte zu hören. Darum habet Vertrauen und betet für ihn, damit er das Charisma der Krankenheilung noch recht viele Jahre ausführen darf, und betet zu Maria, dass sie ihn aufnimmt in ihr mütterliches Herz und dass das göttliche Herz ihn in Schutz nimmt gegen allen feindlichen Trug und gegen die Nachstellung boshafter Menschen, die auf Anstiften der Hölle gegen ihn arbeiten.

Sie können darüber denken, wie Sie wollen, aber mir scheint es, wir leben am Ende der Zeit und der Prophet Joel spricht: „Und am Ende der Tage, spricht der Herr, werde ich meinen Geist ausgießen und es werden Menschen Gesichter haben und werden Heilungen vollziehen."

Und wenn wir auf der einen Seite die Gnadengabe des Heiligen Geistes wirken sehen, so sehen wir aber auch auf der anderen Seite das Gegenteil, und sehen wir hinüber in jene deutschen Lande, dort wo der Kommunismus ist, der auch mit seinem Rachen vor dem Bayernlande steht und es zu verschlingen droht – da hat das bayerische Volk die Aufgabe, die Sendung der Liebe und die Sendung des Glaubens zu wahren. Bayern möge sich dieser Stunde bewusst sein, dass es einen solchen Gottesmann in seinem Lande beherbergen darf, und es soll den Schluss daraus ziehen, mit den Flüchtlingen und allen Heimatvertriebenen in diesem Lande recht gut zu sein.

Wir wollen Kinder des Lichtes sein und Werke des Lichtes vollbringen. Blicken wir auf zu Gott, dem Geber des Guten, und geben wir Ihm allein die Ehre.

Ich habe mich so erbaut an der Demut des Mannes Gottes, und er hat sich nur als Werkzeug des Allerhöchsten bezeichnet. Das hat mich tief beeindruckt, denn der Maßstab der Demut ist der Maßstab Gottes an einem Menschen. Ich bin überzeugt, dass Ihr in großer Anzahl schon geheilt seid.

(Zurufe aus der Menge: „Unser innigster Wunsch wäre, dass die Kirche sich an die Seite des Herrn Gröning stellt!")

Ich bin Italiener und kann dazu nichts sagen. Ich bin sehr arm und noch in der theologischen Ausbildung. Ich sage nur meine Überzeugung; die kann mir niemand rauben. Ich muss noch ein Jahr studieren. Wenn ich in einem Jahr wiederkomme, wenn ich Priester bin, werde ich auch die Geistlichen aufsuchen, aber jetzt muss ich zurück nach Italien, um meine Studien zu vollenden. Ich bin sehr angenehm überrascht über das, was ich gesehen habe.

Die katholische Kirche kann ja gar nicht anders, wenn die Werke Gottes so offenbar sind. Sie wird es über kurz oder lang anerkennen. Ich habe schon sehr gute und positive Urteile gehört. Aber ich darf da kein Wort sprechen, weil dies Sache des deutschen Klerus ist; sonst käme ich mit anderen in Konflikt. Ich kann nur meine persönliche Überzeugung sagen.

Auf Wiedersehen im nächsten Jahr, so Gott will.

Bruno Gröning:

Meine lieben Kranken,

Sie haben eben die Worte des Herrn Geistlichen hier gehört. Haben Sie Vertrauen! Ich bin nicht derjenige, der Ihnen die Gesundheit geben will; nein. Ich selbst gebe Sie nicht; ich vermittle sie ja nur. Aber ich muss Sie doch bitten, herzlichst bitten, meinen Worten, meinem Wunsch zu folgen.

Darf ich Ihnen zu wissen geben, dass seinerzeit, als ich in Herford war, man mir das Wörtchen „Verbot" vor die Augen setzte. Trotzdem sind viele Menschen gesund geworden, und zwar größtenteils alle, die den Weg zu mir gefunden hatten, genauso dastanden, wie Sie heute hier stehen. Ich durfte von einer Heilung nicht sprechen. Vieles ist aber passiert, das heißt, dass viele Menschen dabei auch gesund wurden, weil ich ja so eingestellt bin und alle Menschen gesund wissen will. Die Vermittlung geschieht schon so; das heißt, ich brauche davon mehr oder weniger zu sprechen. Wenn Sie mir das Vertrauen entgegenbringen, geschieht schon alles. Warum die vielen Worte? Wir lassen die Tat sprechen! Wenn Sie das Vertrauen zu mir aufbringen – ich will Sie dazu nicht zwingen –, wenn Sie es nicht schon verspürt haben, dann werden Sie es noch zu spüren bekommen, dass Sie das erhalten, wonach Sie gekommen sind.

Aber ich möchte nicht, dass der eine oder andere unter Ihnen vielleicht nach außen hin sagt: „Ich bin dort gewesen, der Gröning hat von einer Heilung gesprochen" oder „Ich habe ja doch noch das Leiden, er hat von einer Heilung gesprochen, es müsste schon geschehen sein."

152

Wenn ich Ihnen sage, es geschieht auch so. Wenig Worte, aber viele Taten. Und ich stehe für alle gerade, was meine Gegner hier aufgetischt haben, die nichts unversucht gelassen haben, mich auf irgendeine Art und Weise aus dem Weg zu räumen. Dies wird ihnen nicht gelingen.

Die Zeit, in der ich nicht hier war, bin ich immer unter Menschen gewesen. und Sie können die Stunden zählen, in denen ich geschlafen habe. Sie können die Happen abzählen an fünf Fingern, die ich während dieser Tage überhaupt gegessen habe. Ich verzichte auf Essen; ich verzichte auf Schlaf; aber auf eines verzichte ich nicht, wozu ich mich verpflichtet fühle, Menschen zu helfen, und ich werde da nicht einen Millimeter zurücktreten. Mein Weg geht weiter, komme was da wolle! Der Herr sei bei mir!

Ich hoffe, dass Sie mich jetzt noch besser verstanden haben und dass ich da nicht viele Worte mehr zu sagen brauche. Wenn Sie das Vertrauen haben; damit ist schon viel geschehen. Vertrauen zu mir und den Glauben zum Herrgott! Mit dem Glauben geschieht alles, wie Sie eben aus dem Munde des Herrn Geistlichen gehört haben, wie er so schön sagte: „Dein Glaube hat dir geholfen." Dasselbe will ich Ihnen auch hier zu wissen geben. Das sind immer meine Worte gewesen.

Ich bin kein studierter Mensch; ich bin weder belesen, noch habe ich eine menschliche Lehre angenommen, nein. Ich bin meine eigenen Wege bis zum heutigen Tage gegangen und werde sie auch weiter zu gehen wissen. Ich nehme keine menschliche Lehre an. Ich fürchte auch niemanden. Ich fürchte keinen Menschen. Ein Mensch hat auch nicht das Recht, mir den Mund zu verbieten, noch meine Kraft, das heißt, die göttliche Kraft, abzunehmen. Für mich bestehen keine menschlichen Gesetze. Für mich bestehen die rein göttlichen Gesetze; komme was da wolle!

Zu begrüßen ist, wie ich Ihnen schon zu wissen gegeben habe, dass die bayerische Regierung sich bereit erklärt hat, mir keinen Stein in den Weg zu legen. Jetzt aber ist Derartiges geschehen, dass Schmutzigkeiten am Werk sind, mich von Ihnen abzuziehen, dass Sie weiterhin Ihr ganzes Leben krank sein sollen.

(*Zwischenrufe*)

In diesen wenigen Tagen, die ich fort war, in Frankfurt, waren auch Journalisten. Noch ehe ich an Ort und Stelle war, hatten sie sich schon eingefunden mit dem größten Misstrauen. Aber wenige Worte von mir brachten sie nach und nach zu der Überzeugung, indem sie sagten: „Ja, da wir Sie jetzt sehen, haben wir ein ganz anderes Bild bekommen." Ich habe eine ganze Nacht geopfert und ihnen alles klargestellt wie man mich bekämpft. Ich habe eine zweite Nacht geopfert, wo ihnen unter Beweis gestellt wurde, was alles geschehen kann. Ich hatte alles versucht, um den Menschen nicht zu wissen zu geben, wo ich mich befand und trotzdem waren Menschen dort, die krank waren, und denen ich die Hilfe an Ort und Stelle geben konnte. Dieses geschah ebenfalls im Namen Gottes! Und ich fühlte mich so leicht und so groß und stark, um dies tun zu können, und deshalb werden Sie verstehen, dass ich weder Essen, noch Schlaf brauche. Ich kann genauso schlafen, genauso essen, ich bin auch nur ein Mensch. Aber ich werde gestärkt durch unseren Herrgott, indem ich mich beauftragt fühle, Menschen in seinem Namen zu helfen und deswegen werde ich keinen Millimeter zurückgehen. Ich sage es noch einmal: Komme was da wolle; ich trete nicht zurück!

Wenn es Ihnen recht ist, werde ich Ihnen diese zwei Zeugen vorstellen, ...

(*Zwischenrufe: „Wir glauben, wir brauchen keine Zeugen!"*)

... wie die hessische Presse jetzt zu mir steht. Vorher hatte sie sich zum Teil auch diesen Schmutzigkeiten angeschlossen, weil sie ja nicht wusste, was eigentlich los ist.

Ich habe hier mal in einer Nacht gesprochen und weil vereinzelt mir Gegenstände herauf geworfen wurden, die ich berühren sollte, habe ich dann jeden gebeten, irgendeinen Gegenstand, den er bei sich hatte, in die Hand zu nehmen, ich spreche ihn an und dann ist schon alles geschehen.

Ich bitte Sie, suchen Sie irgendeinen Gegenstand aus Ihren Taschen heraus, halten Sie ihn in der rechten Hand nach Möglichkeit, heben Sie ihn hoch, und dann werden Sie das bekommen, wonach Sie sich schon lange gesehnt haben. Irgendetwas und wenn es ein Stückchen Papier ist, gleich was es ist.

Dankeschön. Nehmen Sie bitte die Arme herunter. Garantiert weiß unser Herrgott, wonach Sie hierher gekommen sind. Und Sie haben diesen Gegenstand in der rechten Hand gehalten, und der Herrgott hat diesen Gegenstand gesegnet, um Ihnen durch diesen Gegenstand das zu geben, was Sie sich ersehnt haben.

(*Beifall*)

Es gibt immer wieder Menschen, die mir von all diesem, was überhaupt geschieht, wenig zu wissen geben. Wenn es bei dem einen oder andern geschehen ist; das heißt, dass Sie durch diesen kleinen Gegenstand gesund geworden sind, so war es mein Wille,

Ihnen die Gesundheit durch den Herrgott zu vermitteln. Und der Herrgott gebe Ihnen hiermit die Kraft und die Gesundheit.

Ich will Ihnen nicht das Leben schwer, sondern leicht machen, sodass sogar Menschen, die gesund sind, in der Lage sind, wenn sie den Weg zu mir gefunden und gebeten haben, um ihren bekannten und verwandten Kranken auch die Gesundheit mit nach Hause zu nehmen. Ich bitte Sie, an diese Kranken einen herzlichen Gruß von mir zu bestellen und ich wünsche ihnen dasselbe, was ich Ihnen schon von ganzem Herzen gewünscht habe.

Hagen:

(*erzählt selbst im engen Bekanntenkreis erlebte Fernheilung mit Schlüssel laut nachfolgendem Zeitungsbericht*)

Seit 15 Jahren hatte Frau B. ein Blasenleiden, das ihr schwer zu schaffen machte und von Ärzten als unheilbar erklärt wurde. Sie stand unter der Menge vor dem Traberhof, während Gröning vom Balkon aus die Menschen aufforderte, einen Gegenstand in die rechte Hand zu nehmen. Frau B. nahm einen Schlüssel. Im selben Augenblick hatte sie das Gefühl, als würde der Schlüssel warm; ganz warm, und ein Schmerz durchfuhr sie, der genau mit dem ihrer akuten Krankheit vor 15 Jahren vergleichbar war, aber seitdem nie wieder in dieser Heftigkeit aufgetreten ist. Wie betäubt wankte sie nach Hause zu ihrer alten Tante, die unter starkem Ischias von der rechten Hüfte abwärts litt. Frau B. legte den Schlüssel auf den Fußboden und bat die Tante, den rechten Fuß auf den Schlüssel zu stellen, und da geschah etwas Unfassbares. Zuerst begann es im Fuß, übertrug sich auf das Bein, dann auch auf den Schenkel, bis die ganze rechte Körperseite wie geschüttelt zitterte und flog, und dieser Vorgang wiederholte sich, sooft die alte Dame den Fuß auf den Schlüssel stellte. Es erübrigt sich fast zu erwähnen, dass im selben Augenblick auch die Schmerzen nachließen, die heute – nach wenigen Tagen – schon so weit herabgemindert sind, dass eine völlige Heilung zu erwarten ist. In der gleichen Nacht legte Frau B. den Schlüssel auf den Leib. Auch sie fiel – wie ihre Tante – in einen tiefen, traumlos schweren Schlaf, aus dem sie seltsam gestärkt und fast genesen am Morgen erwachte.

Ich selber habe das konstatieren können, ich könnte Ihnen auch den Namen nennen. Ich wollte Ihnen das nur sagen, weil Herr Gröning darum bat und weil ich überzeugt bin, dass Ihnen Ihr eigenes Vertrauen hilft.

(*Aus der Menge meldet sich die in Heilung begriffene Frau Würstl aus Rosenheim und fragt, was sie gegen die Skeptiker machen soll, die an ihrer Heilung zweifeln.*)

Bruno Gröning:

Es ist immer so, dass Menschen, die hierfür kein Verständnis aufbringen können, weil sie ja weitab vom göttlichen Glauben stehen, nichts unversucht lassen, Menschen vom Glauben abzureißen. Diese Menschen tragen allein die Schuld, wenn der eine oder andere der vielen Tausend, die schon gesund geworden sind, wieder abgerissen wird, indem er den schlechten Worten, die aus diesen Satansmenschen kommen, wieder verfallen kann. Wer aber den Herrgott in seinem Herzen festhält und mit Ihm lebt, wird niemals wieder krank werden. Er wird die Gesundung in sich so aufnehmen wie hier eine Frau, diese Frau, die eben diese Worte brauchte, ob sie in der Heilung gestört wird. Gestört werden kann nur ein Mensch, wenn er die Regelung nicht überwindet und sich von diesen teuflischen Menschen irreführen lässt, das heißt, dass er diesen Menschen verfällt, indem er ihnen Glauben schenkt und mir das größte Misstrauen entgegenbringt. Da sage ich: Der Mensch ist es dann nicht wert, dass ihm geholfen wird.

Wer aber von dem Glauben an unseren Herrgott nicht nachlässt und mir das größte Vertrauen entgegenbringt, wird seiner Gesundung entgegengehen.

Ich habe zu Anfang hier eine Pressekonferenz abgehalten und diese Menschen gebeten, sie möchten mich unterstützen, das heißt, den Menschen die Wahrheit zu berichten. Es gibt einzelne Schmutzblätter, die nichts unversucht gelassen haben, nur mit schmutzigen Worten das Volk zu vergiften. Ich habe mir Derartiges bis vor wenigen Tagen gefallen lassen. Ich konnte ja noch keine Stellung nehmen. Ich wollte es erst soweit kommen lassen, dass man mich beschimpft; dass jeder dieser Schmutzfinken eine Visitenkarte von sich gibt, und jetzt habe ich eine Handhabe, diese Menschen zur Rechenschaft zu ziehen. Vorher hatte ich keine Beweise in der Hand. Aber jetzt kann ich den Kampf aufnehmen, und ich scheue keinen Kampf. Ich brauche mich nicht zu schämen, und ich brauche mich nicht zu fürchten.

(*Zurufe, Bitte um Heilung, aus der Menge*)

Meine lieben Kranken, es würde zu weit führen, wenn ich Sie jetzt einzeln anhören würde. Deswegen sage ich: Haben Sie Vertrauen und stärken Sie den Glauben; den Glauben an unseren Herrgott!

(*Zurufe: „Sie bleiben hier in Deutschland!"*)

Ich habe es dem deutschen Volk versprochen hierzubleiben, und ich habe nicht gescheut, den Kampf aufzunehmen.

Auch in Hessen bringt man mir das größte Vertrauen entgegen. Ich sollte dort bleiben, aber ich habe gesagt, dass ich hier in Bayern bleiben werde. Einen festen Wohnsitz werde ich persönlich nicht haben. Meine engsten Mitarbeiter schon, die werden einen festen Sitz haben. Aber ich muss beweglich sein. Ich muss unterwegs sein. Ich will keinen Weg scheuen. Wenn Sie mich unterwegs sähen, was ich alles daransetze, um Ihnen helfen zu können; nichts ist mir zu viel! Ich weiß, auch Ihnen ist nichts zu viel. Wenn ich jetzt sagen würde, bleiben Sie hier eine ganze Woche, Sie würden aushalten, weil Sie das Vertrauen haben.

Ich habe von Herford aus gesagt: Ich komme zu allen! Ich will Ihnen das alles so bequem machen. Ich weiß, dass viele arme Menschen unter Ihnen sind, die alles opfern, um das letzte Fahrgeld aufzubringen, nur um das Eine zu erhalten: Die Gesundheit. Ich weiß, dass viele Reiche alles geopfert haben, um gesund zu werden und die jetzt den Weg zu mir gefunden haben im Vertrauen. Sie können von mir die Hilfe bekommen, und selbstverständlich bin ich dazu bereit, Menschen zu helfen und Menschen zu heilen!

Wenn ich Ihnen vieles erzähle, dann könnte es von einzelnen so aufgefasst werden, dass sie sagen: „Der spricht nur von sich, der will Propaganda machen". Deswegen habe ich es nicht so gern, dass ich Ihnen vieles von dem zu wissen gebe, was Sie eigentlich gern wissen möchten, was für Heilungen hier und dort vollzogen sind.

(Es folgt eine Schilderung von einer Heilung eines jungen blinden Mädchens in Frankfurt und ihres Freundes, eines Krüppels.)

(Zurufe aus der Menge: „Wird der Traberhof eine Heilstätte?")

Ich habe gesagt, dass der Traberhof die erste Heilstätte hier in Bayern ist, aber die Gelegenheit ist noch nicht gegeben. Ich weiß, dass, wenn wir hier nur eine Heilstätte haben, diese von Menschenmassen bestürmt werden würde. Der Platz kann nicht groß genug sein, um alle Menschen aufnehmen zu können.

Meine lieben Kranken, wenn Sie mich hier einzeln mit Worten bitten, dass ich Ihnen helfen soll, dann muss ich Ihnen zu wissen geben, dass Sie damit ein Misstrauen aussprechen. Sie haben es nicht nötig; Sie brauchen es nicht.

Heilstätte, eine genügt nicht, es können von mir aus hunderte sein, um so leichter ist es, um so mehr Menschen kann ich helfen. Und deswegen sage ich: Warten Sie! Aber ich glaube, sagen zu können, dass viele, die sich unter Ihnen befinden, nicht mehr zu kommen brauchen. Nur müssen Sie Ihren Körper beobachten.

Und jetzt bitte ich Sie, den Weg nach Hause anzutreten, und ich bitte Sie, nicht zu nörgeln und nicht zu sagen: „Er hat ja nichts getan". Sie sollen Ihren Körper selbst beobachten und dann Gott dafür danken; nicht nur heute und morgen, nein. Ihr ganzes Leben lang sollen Sie den Glauben an unseren Herrgott stärken und mit Ihm leben!

(*Zurufe mit Bitten um Heilung*)

Ich habe Sie alle schon gesehen, ich sehe Sie deutlicher als Sie glauben. Wenn ich die Heilstätten habe, werde ich die Blinden ebenfalls zu mir rufen und dann werde ich auch diesen Menschen im Namen Gottes das Augenlicht wiedergeben. Sie wissen ja das alle selbst, aber hat es so etwas mal gegeben, dass nur die kleine Handbewegung oder durch Ansprechen in wenigen Worten einer sein Augenlicht wieder erhalten hat? Es sind Hunderte von Jahren her, wo das einmal der Fall gewesen ist, und jetzt haben wir es ein zweites Mal und es kommt auch noch ein drittes Mal!

(Zurufe aus der Menge: „Wir wünschen Herrn Gröning Gottes reichen Segen. Ein tausendfaches Vergelt's Gott!")

Nun möchte ich mich von Ihnen verabschieden, indem ich Ihnen beste Gesundheit von ganzem Herzen wünsche.

Und mögen die schmutzigen Münder reden, was sie wollen, ich weiche nicht!

Mit den Kügelchen, das habe ich schon früher als kleiner Knabe getan. Und wem ich es damals gab – sie haben es mir gezeigt, es war kein Papier mehr sondern Papiermehl. Und sie haben sich dadurch so ihr Leben erhalten, wie sie es sich seinerzeit gewünscht haben.

Aber es braucht nicht das Kügelchen zu sein, und ich werde mir das immer leichter machen. Nicht so, wie ich das tun will, sondern ich muss auf die Eingebung warten, bis ich das tun darf. Nicht, dass ich mir das aus der Luft greife, sondern ich muss genau auf die Eingebung warten, dass ich Ihnen helfen kann. Auf irgendeine Art und Weise, es wird nicht schwerer für mich, im Gegenteil, es wird immer leichter, trotz des großen Kampfes, den ich noch zu führen habe.

Ich wünsche Ihnen alles Gute, der Herrgott sei mit Ihnen.

Quelle:
Archiv Bruno Gröning Stiftung

„Die Schmerzen sind andere ...“

Rede von Bruno Gröning, Traberhof bei Rosenheim, Anfang September 1949

Hinweis

Dies ist eine Abschrift der stenografisch protokollierten Rede von Bruno Gröning, die er am Anfang September 1949 auf dem Traberhof bei Rosenheim gehalten hat.

Die Schmerzen sind andere, es sind die so genannten Regelungsschmerzen, indem die kranken Stellen angesprochen sind und etwas schmerzen, aber nicht wie vorher. Diese Schmerzen müssen andere sein. Sie brauchen daher nicht glauben, dass ich Ihnen Ihre Schmerzen nicht abgenommen habe, sondern die Schmerzen, die Sie jetzt spüren, sind tatsächlich die so genannten Regelungsschmerzen. Fühlen Sie bitte nach und Sie werden es selbst feststellen.

Menschen, die steife Glieder haben, bitte ich, diese zu bewegen. Blinde bitte ich, die Augen einmal kurz zu schließen und zu beobachten, was in ihrem Köpfchen vor sich geht. Ich gebe Ihnen zu wissen, dass Sie, einer wie der andere, so wie Sie hier vor mir stehen, bereits angesprochen sind. Wenn der eine oder andere vielleicht glaubt, dass er hier an Ort und Stelle gleich die Heilung erhält, so ist er im Irrtum. Denn eine vollständige Heilung braucht auch ihre Regelung; je nach Größe der Krankheit, je nach Vielseitigkeit dieser Krankheit. Ich weiß aber ganz genau und kann es Ihnen jetzt schon sagen, dass Sie alle, soweit Sie eine Berechtigung auf eine Heilung haben, mir schon berichten werden, dass Sie tatsächlich in den Genuss dieser Heilung gelangt sind.

(*Freudige Zurufe*)

162

Ich habe gesagt: „Wer eine Berechtigung hat". Ich gebe Ihnen zu wissen, wer eine Berechtigung hat. Eine Berechtigung hat der Mensch, der bereits den göttlichen Glauben in sich trägt und mit ihm gelebt hat. Eine Berechtigung hat ferner, wer den Glauben an unseren Herrgott, den Glauben an unseren himmlischen Vater verloren hat, aber jetzt wieder bereit ist, ihn wieder in sich aufzunehmen und ebenfalls bereit ist, mit ihm zu leben.

Wir Menschen alle sind ohne unseren Herrgott gar nichts; wir sind überhaupt nichts. Wir können uns unseren Herrgott nicht wegdenken. Wir alle sind und bleiben Kinder Gottes. Der einzige Vater, den wir haben, ist und bleibt unser Herrgott.

(*Freudige Zurufe*)

Der einzige Arzt aller Menschen auf dieser großen, göttlichen Erde ist und bleibt ebenfalls unser Herrgott.

Ich möchte nicht verfehlen, Ihnen das mit auf den Weg zu geben: Seien Sie einmal Egoist, denn umsonst ist dieses Wörtchen nicht entstanden. Egoist sollen Sie sein! Sie müssen es sein, um die Gesundheit, um eine Lebensberechtigung zu haben. Wer hat Ihnen das Leben gegeben? Nur allein der Herrgott und er will Ihnen die Gesundheit geben. Leben Sie mit ihm Ihr ganzes Leben lang.

(*Großer Jubel; Menge singt: „Großer Gott wir loben dich"; Stimmen: „Wir bitten von ganzem Herzen, dass Sie in Deutschland bleiben!"*)

Ich verspreche Ihnen allen, dass ich in Deutschland solange bleiben werde, bis ich hier auf deutschem Boden alles so eingerichtet habe, dass allen Menschen die mögliche Hilfe zuteil werden kann.

(*Freudige Zurufe*)

Ich habe Ihnen immer laufend zu wissen gegeben, dass ich keinen Menschen frage nach der Religion, nach der Nation, Denn wir Menschen alle, die wir hier auf dieser großen, göttlichen Erde leben dürfen, gehören zueinander.

Der Anfang, allen meinen Brüdern und Schwestern die reine göttliche Heilung zu geben, soll nun einmal auf deutschem Boden geschehen, und zwar deshalb, weil ich mich als Deutscher fühle und ein Deutscher bin wie Sie alle. Aber trotzdem dürfen wir keinen Unterschied machen Zwischen uns und unseren Nachbarn. Wir dürfen nicht vergessen, dass es unsere Mitmenschen sind. Wir sind alle gleich und sind und bleiben alle Kinder Gottes.

(*Freudige Zurufe*)

Ich habe, als man anfing, mich zu bekämpfen, den deutschen Menschen zu wissen gegeben, dass ich nichts unversucht lasse und allein den Kampf aufnehmen werde, Ihnen allen die Hilfe zuteil werden zu lassen; möge da kommen was da wolle! Ich gebe Ihnen auch zu wissen, dass ich Deutschland einmal verlassen muss, weil meine Pflicht es verlangt. Ich bekomme den Ruf „ich muss allen Menschen helfen" und ich werde ihnen allen zu helfen wissen. Sobald ich diese Heilstätten in Deutschland errichtet habe, ist es nicht mehr notwendig, dass ich unter Ihnen weile. Überall, auch im Ausland, muss ich es allen Menschen zu wissen geben, worum es geht. Wir gehören nun einmal zusammen; auch die Menschen, die einem anderen Volke angehören, gehören zu uns. Liebet Euren Nächsten wie Euch selbst!

(*Freudige Zurufe*)

Und damit will ich dann auch gesagt haben, ganz kurz, dass damit auch der Weltfriede für alle Zeiten gesichert sein wird.

Ich hoffe, dass Sie mich in diesen kurzen Worten verstanden haben.

(*Zurufe:* „*Ja, ja*")

Ich tue nur meine Pflicht und dieses geschieht alles im Namen Gottes.

(*Zurufe*)

Ich wünsche Ihnen von Herzen das Aller-Allerbeste. Ich wünsche Ihnen die beste Gesundheit. Seien Sie rein, machen Sie sich frei von aller Schmutzigkeit, beseitigen Sie den Satan aus Ihrem Leib, nehmen Sie den Herrgott in sich auf, lassen Sie den Herrgott in Ihrem Herzen wohnen und dann werden Sie Ihr Leben lang auch die Gesundheit erhalten.

(*Große Freude unter den Menschen*)

Ich weiß, wie es immer der Fall gewesen ist, dass der eine oder der andere um Hilfe gebeten hat für seine Angehörigen, für seinen bekannten und verwandten Kranken, dass auch diesem die Hilfe zuteil werden wird. Er muss das Bett hüten, er kann nicht gehen, er kann sich nicht fahren lassen, er schnappt nach Luft, er ruft nach dem Herrgott, er bittet um sein Leben, er bittet um Hilfe. Auch diesem Menschen soll die Hilfe zuteil werden.

(*Freudige Zurufe*)

Und nun bitte ich Sie, nicht missmutig nach Hause zu gehen. Beherzigen Sie diese wenigen Worte: Ich bin für die ganze Menschheit da. Ich muss meiner Pflicht genügen. Ich muss helfen. Das alles verlangt der Herrgott.

Und ich bitte Sie, so wie die Heilung sich in und an Ihrem Körper bemerkbar macht, mir dies zu bezeugen, dass dies Tatsache ist.

Tausende und Abertausende von Anschriften sind bereits in meinem Besitz, die bezeugen, was ich bis jetzt an den Menschen Gutes getan habe.

Auch ich gebe Ihnen zu wissen, dass ich meinen größten Todfeinden, einem wie dem anderen, immer noch so gut bin, dass ich ihm immer noch das Allerbeste von Herzen wünsche.

Dass Menschen so schlecht sind, dafür können sie auf der anderen Seite nichts, weil der Satan in einzelnen schon gewühlt hat und nichts unversucht lässt, sich ihrer zu bemächtigen. Ich bitte Sie alle von ganzem Herzen: Machen Sie sich frei vom Schlechten, vom Satan. Er gehört nicht zu uns! Er gehört anderswo hin. Wir sind und bleiben Kinder Gottes.

Dr. Zetti

Im Auftrag von Herrn Gröning soll ich Ihnen noch mitteilen, dass Sie jetzt beruhigt nach Hause gehen sollen und Ihren Mitmenschen mitteilen, dass vorerst niemand hierher kommen soll, sondern erst wieder, wenn Sie in der Presse oder im Rundfunk hören, wo und wie und wann Sie zu Herrn Gröning kommen können. Herr Gröning war, wie ich schon heute mitteilte, auf dem besten Wege, die Genehmigung zu erhalten.

(*Freudige Zurufe*)

Herr Gröning muss jetzt leider sofort wieder weg und es können daher keine Einzelempfänge oder dergleichen stattfinden.

Quelle:

FREIE ARBEITSGEMEINSCHAFT BRUNO GRÖNING (Hrsg.): *Das Tor zum Weg* (Stephanskirchen bei Rosenheim 1969) Nr. Pfingsten, S. 14–17

166

Ansprache von Bruno Gröning auf Schallplatte, September 1949

„Jeder kranke Mensch muss sich so setzen, dass sein Körper frei ist."

Hinweis

Dies ist eine originalgetreue schriftliche Übertragung einer Ansprache, die Bruno Gröning im September 1949 auf Schallplatte aufgenommen hat.

Auf sprachliche oder grammatikalische Korrekturen im Text wurde bewusst verzichtet, um die Authentizität der Quelle zu gewährleisten.

Meine lieben Heilungssuchenden!

Jeder kranke Mensch muss sich so setzen, dass sein Körper frei ist. Jeder Heilungssuchende kann nur empfangen, wenn er sich von seinem Leiden frei macht. Von seinem Leiden frei machen heißt: Geben Sie Obacht, was in diesem Moment in Ihrem Körper geschieht. Lassen Sie bitte von Ihrem Leiden ab! Schenken Sie mir Ihr Leiden; ich nehme es! Horchen Sie in sich herein und dann haben Sie alles. Das komische Gefühl, das Sie bekommen, das ist die Heilung, das heißt, Sie sind angesprochen und die Heilung geht dann automatisch vor sich. Gröning ist ein Sender. Ja, ein Empfänger kann nichts anderes empfangen, als der Sender sendet und so sende ich Ihnen hiermit die Heilwelle.

Nehmen Sie sie auf, und wenn es soweit durch den Körper gefahren ist, beobachten Sie Ihren Körper weiter, was weiter geschieht. Lassen Sie mehrere Tage verstreichen. Horchen Sie in Ihren Körper rein, konzentrieren Sie sich darauf, was in Ihrem

Körper geschieht. Ich weiß, dass die Heilung auch hier über den Äther zu einem vollen Erfolg werden kann.

Es gibt vieles, das nicht erklärt werden, aber nichts, das nicht geschehen kann.

Verfehlen möchte ich Ihnen nicht, auch das noch mit auf den Weg zu geben: Soweit Sie in ärztlicher Behandlung gewesen sind, bis zum Schluss, dass Sie auch sich noch ärztlich nachuntersuchen lassen!

Aber warum heile ich?

Das möchte ich auch nicht hier verfehlen, Ihnen mitzuteilen. Ich heile deswegen, um den Menschen wieder auf den wahren göttlichen Weg zurückzuführen, weil ich genau weiß, dass er seinen Glauben, das heißt den Glauben an unser Herrgott, verloren hat. Und deswegen, weil er keinen Glauben mehr gehabt hat, musste er schlecht werden und dieses Schlechte ist auch die Krankheit! Das ist nämlich so, dass viele es ja gar nicht wissen, wie so eine Heilung überhaupt zustande kommen kann. Um Ihnen dieses aber jetzt alles klarzulegen, wäre zu viel, es würde zu weit greifen, dass ich Ihnen das in kurzen Worten nicht erklären kann.

Vorerst nehmen Sie diese meine Anordnung so hin, indem Sie ja schon das erhalten werden, was Sie, um gesund zu werden, brauchen.

Quelle:

Archiv „Bruno Gröning – Vorträge & Dokumente"

168

„Vorerst bitte ich Sie, mich zu entschuldigen ..."

Vortrag von Bruno Gröning, Traberhof bei Rosenheim, 1. Oktober 1949

Hinweis

Dies ist eine Abschrift des stenografisch protokollierten Vortrags von Bruno Gröning, den er am 1. Oktober 1949 im Spielsaal des Traberhofes bei Rosenheim gehalten hat.

Meine lieben anwesenden Kranken!

Vorerst bitte ich Sie, mich zu entschuldigen, dass ich Sie so lange habe warten lassen müssen. Dies hat so seinen Grund, oder ich könnte sagen, seine Gründe gehabt. Ich habe Sie hierher bitten lassen, weil viele von Ihnen von weit und breit schon tagelang auf mich gewartet haben. Ich werde wohl dadurch von meinem Vorhaben etwas verrissen, aber auch das soll nichts schaden, ich nehme das mit in Kauf, um Ihnen vorerst die erste Hilfe geben zu können. Wie Ihnen bekannt ist, habe ich die feste Absicht, mein Wort einzulösen, indem ich Heilstätten errichten will, woselbst dann jedem Menschen, soweit er berechtigt ist, eine Hilfe zu erhalten, diese Hilfe zuteil werden wird. Berechtigt ist derjenige, der den wahren göttlichen Glauben in sich trägt und bereit ist, mit diesem Glauben sein Leben zu fristen. Auf der anderen Seite hat es viele Menschen bisher gegeben, die von dem Glauben an unseren Herrgott abgelassen haben und jetzt bereit sind, ihn wieder in sich aufzunehmen und mit ihm zu leben. Auch denen soll die Hilfe zuteil werden.

Ich gebe Ihnen zu wissen, ich bin kein Arzt, ich bin kein Mediziner. Aber deswegen will ich diese Menschen nicht verachten. Nur eines muss mal festgehalten werden – was ich schon in Tausenden von Fällen bewiesen habe, dass ich Menschen die Gesundheit wiedergegeben habe, das ist ausschlaggebend, und ich werde auch in Kürze den Beweis erstellen, wie viele Tausende Menschen es sind, denen ich schon in meinem Leben geholfen habe.

Die ärztliche Hilfe als solche ist mir schon sehr häufig angeboten worden. Ich stehe nach wie vor dafür, indem ich dieses Angebot nicht ablehne, nein, denn dieses war ja mein Wunsch, dass die Ärzte sich bereit erklären und dass. sie sich schon bereit erklärt haben, mit an diesem großen, göttlichen Werk zu arbeiten, um Menschen helfen zu können.

Ich habe hier von einem Münchner Arzt eben einen Zettel bekommen, worauf Zahlen stehen, von 1 bis einschließlich 11. Jede Zahl ist ein kranker Mensch; Name, Wohnung, Krankheit usw. steht nicht oben. Ich will ihm für diese elf Menschen eine genaue Diagnose stellen. Verzeihung, ich sage „Diagnose" Ich habe keine Berechtigung, dieses Wort zu gebrauchen Ich sage aber „ein Krankheitsbild". Denn meine Bezeichnung ist keine medizinische; ich habe meine eigenen, menschlichen Bezeichnungen. So stelle ich für diese elf kranken Menschen ein Krankheitsbild und gebe ihnen auch die Hilfe, bis auf einen, den ich jetzt schon weiß und dem ich keine Heilung geben kann, weil der Mensch nicht wert ist, dass Ihm geholfen wird. Zehn davon, werden geheilt. Ich habe es bereits mit dem Arzt besprochen, dass ich ihn einmal in seiner Praxis besuchen werde, und ich werde mir dann nachher die einzelnen Patienten noch vorführen lassen, weil einzelne Punkte da sind, wo ein Arzt nicht weiß, was für eine Krankheit in dem Körper verborgen ist.

Wie die andere Seite aussieht, dass es Menschen gibt, gegeben hat und auch weiterhin geben wird, die nichts unversucht lassen, mich zu bekämpfen, und zwar aus dem einfachen Grund – und es ist Ihnen wohl auch bekannt, dass ich eine Kampfansage gemacht habe gegen Geschäftemacher. Die Kampfansage hat begonnen, und auf diese Kampfansage ist so vieles zum Vorschein gekommen, und zwar so, wie ich es auch gewünscht habe. Was weiter werden wird, bleibt abzuwarten. Nach dem, was ein kleines Blättchen da schreibt, müsste ich der schlimmste Mensch auf Gottes Erdboden sein. Wer aber diese Menschen sind, möchte ich hier nicht noch groß in Erwägung ziehen, das werden Sie demnächst zu lesen und zu hören bekommen.

Und gerade, weil es nun mal in der Welt einen Menschen gibt, der uneigennützig arbeitet, nicht für sich, sondern um den Menschen zu helfen, wird er von diesen nicht verstanden werden. Man hat hier nichts unversucht gelassen, alles so auszuschlachten, und auf irgendeine Art und Weise Geld zu verdienen. Anfänglich mit meinem Namen und jetzt sogar mit meiner Person. Sie haben ja schon das Wurstblättchen gelesen, oder Extrablätter nennen die sich, aber das bedrückt mich gar nicht, im Gegenteil, ich fühle mich immer stärker dadurch.

Und jetzt habe ich Sie hierher bitten lassen. Natürlich ist es ein bisschen mehr geworden, als ich eigentlich haben wollte, es ist sehr beengt, und ich werde schlecht dem einen oder anderen von Ihnen die Hand drücken können. Aber das weitere wollen wir abwarten. Vorerst bitte ich Sie, nicht an Ihr Leiden zu denken, sondern etwas mehr abzuschalten und den Körper zu beobachten, was da vor sich geht. Dieses soll keine offizielle Heilung sein. Aber um Ihnen vorerst zu helfen – ein großer Teil von Ihnen wird in den Genuss kommen, dass er gesund wird. Ein anderer ist wieder ein bisschen langweiliger darin.

Ich habe gesagt, ich will die Ärzte in meinen Reihen wissen, und zwar für die Vor- und Nachuntersuchung jedes einzelnen Kranken, damit jeder auch die Gewähr hat, dass er gesund geworden ist oder sich auf dem besten Wege der Gesundung befindet.

Ich will nicht ein Durcheinander sehen, ich will, genauso wie Sie in Ihrem Heim, geordnete Verhältnisse wissen. Und es ist auch richtig so, dass ich das eine vollziehe, wie ich gesagt habe, Heilstätten über Heilstätten zu errichten. Ich allein werde in der Lage sein, diese Heilstätten nicht nur zu übersehen, sondern dass all die Menschen, die diese Heilstätten aufsuchen, dort das erhalten, was sie sich schon seit Jahrzehnten ersehnt haben, dass sie sich die Gesundheit abholen können. Auch wird es nachher gar nicht notwendig sein, dass ich überhaupt in die eine oder andere Heilstätte gehe, sondern ich kann mich ruhig in einem anderen Land aufhalten, um dort die Vorarbeiten für gleiche Einrichtungen zu machen. Auch diesen Menschen fühle ich mich verpflichtet. Sie alle wissen, dass ich noch nie einen Menschen gefragt habe, welcher Religion oder welcher Nation er angehört. Mir ist jeder Mensch gleich. Ich weiß, dass wir Menschen, die wir auf dieser großen göttlichen Erde leben, alle zusammengehören, nur mit dem Unterschied, dass jeder sagt: Dies ist mein Hof, mein Garten, mein Häuschen. Wie jeder Hausbesitzer das als sein eigen betrachtet, so weiß, im Ganzen gesehen, jedes Volk, wo es hingehört, welcher Nation es angehört; der Ordnung halber. Aber bei mir gibt es da keinen Unterschied, mir sind alle Menschen gleich.

Ich habe Ihnen auch des Öfteren schon zu wissen gegeben, was mein eigentliches Ziel ist: Ich will jeden Menschen wieder zum

172

Glauben zurückführen, denn jeder Mensch ist ein Wesen der Natur, jeder Mensch ist ein Kind Gottes. Wir Menschen haben nur einen Vater, und das ist unser Herrgott! Und weil viele Menschen vom Glauben abgekommen sind, so will ich sie wieder zum Glauben zurückführen. Ich will keinen Menschen mehr schlecht wissen. Einzelne wenige hat es gegeben und wird es auch wieder geben. Ich sage nach wie vor: Liebe deinen Nächsten mehr als dich selbst. Und das wird ein schönes Leben, das ist ein gesundes Leben. Denn wir Menschen sind nun einmal abhängig von der Natur. Wir können uns da nicht zurückziehen, wie viele behaupten: „Fort mit der Natur, hinein in die Kultur." Die Kulturstufe ist erstiegen, und das Natürliche, das rein Menschliche ist etwas beiseite gedrängt. Aber wir sind von der Natur abhängig. Was der Herrgott für uns wachsen lässt – wir können nicht ohne das bestehen.

So will ich es wissen und werde mich auch durchzusetzen wissen, obwohl einzelne wenige Menschen am Werk sind, die mir schon nach dem Leben trachten. Ich fürchte den Tod nicht, von mir aus, wenn hier einer darunter ist, bitte, ich stehe hier. Ich brauche mich nicht zu fürchten. Ich sage nur: Wehe dem! Ich brauche auch keinen menschlichen Schutz, das heißt keinen persönlichen menschlichen Schutz. Ich gebe Ihnen zu wissen, dass mein Leben so besteht, dass ich tatsächlich unter dem reinen göttlichen Schutz stehe, und wenn es sein soll, dann soll es sein. Aber noch ist es nicht so weit, und gegen alle diese, wenigen Gegner werde ich den Kampf aufzunehmen wissen, sie werden genommen wie sie kommen.

Ich hoffe, dass Sie mich in diesen wenigen Worten gut verstanden haben, und wenn im Anschluss noch jemand von Ihnen etwas zu sagen oder ganz kurz zu fragen hat, will ich ihm die Fragen beantworten. Aber wenn ich hier durchgehe, bitte ich Sie, mich nicht zu verzetteln, mich nicht zu viel zu berühren, dann lenken Sie mich von meiner Arbeit ab, mich auch nicht zu bestürmen. Ich weiß, was ich zu tun und zu lassen habe, es braucht weder das eine noch das andere zu sein, es geschieht so und so; dass Sie schon das erhalten, wonach Sie hierher gekommen sind. Ich könnte jetzt von hier aus zum Fenster herausgehen und bräuchte weiter nichts zu tun. Aber ich möchte das nicht so abgehackt machen, indem ich doch dem einen oder anderen Schwerkranken noch die Hand reichen möchte, um ihm das Beste mit auf den Weg zu geben. Ein Durcheinander wünsche ich hier nicht, sonst muss ich diesen Raum verlassen. Wir können es mit der allergrößten Ruhe so vollführen, dass es überhaupt keine Störung gibt, denn aufgeregt braucht niemand zu sein. Wenn Sie sich ganz ruhig verhalten, reiche ich jedem die Hand. Aber ich bitte Sie, mich nicht mit Fragen zu belästigen, es genügt, wenn Sie den Wunsch nur in Ihrem Innern verborgen halten. Denn ich habe Ihnen zu wissen gegeben, wie klein ich bin – ohne mich zu loben, dass es einmalig in der Welt ist, dass ich Menschen das sagen kann, was er an Krankheit in und an seinem Körper verborgen hält. Ich brauche nicht einmal einen Namen zu wissen, Sie selbst sind auch in der Lage, die Gesundheit für Ihre kranken Angehörigen, Verwandten und Bekannten mit nach Hause zu nehmen. Hat es auch noch nie gegeben. Unzählige solcher Bestätigungen liegen vor, heute erst wurden mir viele dieser Dinge vorgetragen, und es geht so jeden Tag, indem Menschen an mich herangetreten sind und sagten, Herr Gröning, ich danke Ihnen. Ich sage, nein, mir sind Sie nicht zu Dank verpflichtet, danken Sie dem Herrgott. Dass ich dazu imstande bin, Menschen zu helfen, veranlasst einige wenige, alles dagegen zu stellen, um Sie nicht gesund zu wissen. Vielleicht glauben sie, dass Ich ihnen die. Butter vom Brot nehmen will, oder vielleicht glauben sie, dass sie arm werden oder dass ihre Existenz, ihr Beruf

174

geschädigt wird. Ich sage, nein, ich nehme es keinem Menschen übel, dass er nur seine Pflicht getan hat, nach bestem Wissen alles daran gesetzt hat, um den Menschen zu helfen. Ich verachte diesen Menschen nicht. Er ist nur ein Mensch, wie auch ich, auf der einen Seite. Auf der anderen Seite soll die Menschheit doch dem Herrgott danken, dass es jetzt einen Menschen gibt, der helfen kann. Und ich stehe ja nicht allein hier auf der Welt, es sind noch zwei, und wir drei werden zusammenarbeiten, um allen Menschen, die es wert sind, dass ihnen geholfen wird, die auf dieser großen göttlichen Erde leben, die Gesundheit wiederzugeben.

Ich stehe nicht vor Ihnen wie ein Spinner. „Spinner" hat man gesagt, als ich noch ein kleiner Knabe war und von Derartigem zu sprechen begann. Die Jahre haben es bald bewiesen, dass ich vielen Menschen schon geholfen habe, und jetzt erst recht. Ich habe nicht die Absicht gehabt, mich so emporzuheben, nein, ich wurde erst von kranken Menschen herausgehoben, und jetzt kann ich nicht mehr zurück und sagen, ich kann nicht. Im Gegenteil. Ich fühle mich auch nicht schwach, nein, ich werde immer stärker, und es wird mir immer leichter, Menschen helfen zu können. Ich brauche nichts zu fürchten. Ich sehe hier einzelne Gesichter unter Ihnen, die mich schon näher kennen und die schon vieles wissen, dass ich in der Lage bin, Menschen zu helfen und zu heilen.

Sie können von jetzt ab schon Ihren Körper beobachten, was in Ihrem Körper vorgeht.

(*Frage aus der Menge: „Muss man diese Kugeln solange in der Hand behalten, bis die Regelungsschmerzen ganz vergehen, oder darf man sie von Zeit zu Zeit wieder wegtun?"*)

Nein, Sie brauchen es nicht immer zu halten. Es genügt in den ruhigen Minuten, wenn Sie nicht gestört werden, wenn Sie auf dem

Stuhl sitzen oder wenn Sie liegen, in der rechten Hand halten, die Wirkung macht sich bemerkbar. Der Regelungsschmerz muss sein. Es befürchteten oft einzelne Menschen, wenn der Regelungsschmerz einsetzte, dass ein Rückfall eingetreten sei. Sie bekamen Furcht und sagten, es ist noch schlimmer, gehen, wir zum Arzt. Einzelne Menschen wussten das wieder auszuschlachten und sagten, statt gesund macht er sie krank. Deswegen mache ich Sie aufmerksam, wenn der Regelungsschmerz kommt, das zu erdulden. Es passiert nichts Schlimmes, sondern nur das, dass der Mensch gesund wird. Denn jedes bedarf doch seiner Regelung. Wenn ein Kind heute auf die Welt kommt, ist es nicht gleich so groß., es ist klein, es braucht seine Zeit.

(*Frage einer Frau: „Mein Töchterchen hat eine Kugel bekommen, sie ist gelähmt. Seitdem hat sie besser ihr Köpfchen halten können, war aber seitdem sehr apathisch. Gehört das zur Heilung?"*)

Gehört dazu!

(*Frage: „Wann Blinder gesund wird."*)

Mein Wunsch ist, dass Sie das Augenlicht wieder erhalten, wie ich es Ihnen seinerzeit mit Worten gegeben habe. Und jetzt bitte ich Sie, die Zeit von sich aus nicht zu bestimmen, dass es so schnell wie nur irgend möglich geht, sondern all die Dinge über sich ergehen zu lassen, bis das volle Augenlicht wieder, da ist.

(*Blinder: „Ich bin seit 26 Jahren erblindet ..."*)

Auch hier ist wieder der Beweis, dass das ebenfalls seiner Regelung bedarf. Wenn Sie ängstlich gewesen wären, wären Sie umgefallen und hätten vielleicht sonst was mit Ihren Augen gemacht. Da Sie aber standhaft geblieben sind und das mit in Kauf genommen haben, können Sie jetzt etwas sehen, und das weitere bleibt abzuwarten. Bestimmen Sie bitte von sich aus keine Zeit, es geht über kurz oder lang, es kann mitunter nur Sekunden dauern, und heute ist es noch nicht so weit bei Ihnen. Aber manchmal geht es in Sekunden.

Ich habe auch blinde Menschen gehabt, die in ihrem Leben noch nie das Augenlicht gehabt haben, die schon im vorgeschrittenen Alter waren, schon weit über dreißig Jahre – und plötzlich sehen konnten. Es ist nicht schwer für mich, Derartiges zu bewerkstelligen, weil ich ja nur so eingeschaltet bin, Menschen zu helfen, Menschen zu heilen. Hier ist nur das eine in den Vordergrund zu schieben, dass Sie mir das größte Vertrauen entgegenbringen und den größten und festesten Glauben an unseren Herrgott haben, nicht nur Minuten oder Stunden, Monate, Jahre, sondern überhaupt Ihr ganzes Leben, das ist Grundbedingung.

Redner aus dem Publikum

„Mein lieber Herr Gröning! Es bittet Sie das bayerische Volk, dass Sie auch weiterhin unser Helfer und Freund bleiben. Lassen Sie sich nicht irremachen durch die Schmutzigkeiten. Viele Tausende stehen zu Ihrer Seite, nicht nur in Person, sondern auch in Gedanken. Ich bin auch heute zum ersten Mal bei Ihnen, bin voll Vertrauen, bin zu 90 Prozent blind, und Sie haben so viele Menschen in Bayern glücklich gemacht, und so schändlich wäre es, wenn man einen solchen Manschen außer Landes treiben wollte. Sind Sie überzeugt, wir sind an Ihrer Seite. Das bayerische Volk ist im Innern christlich veranlagt. Es sind nur einige Schmutzfinken, die Geschäfte oder Nutzen herausziehen, die sind längst erkannt, lassen Sie sich nicht scheu machen. Wir haben es Herrn Harwart zu verdanken, dass er sie vom Norden herunterbrachte. Herr Harwart kennt mich nicht, und ich kenne ihn nicht, ich weiß aber, dass er ein anständiger Mensch ist, der den Menschen geholfen hat mit Ihrer Person.

Ich habe das Vertrauen, vielleicht können Sie mir auch einmal helfen. Ich grüße Sie im Namen der ganzen bayerischen Bevölkerung – seien Sie überzeugt, wir lieben Sie und verehren Sie!"

(*Beifall*)

Bruno Gröning spricht wieder

Ich scheue nicht, zu sagen, dass der letzte Versuch Bayern war, um überhaupt noch auf deutschem Boden zu bleiben. Ich habe den Menschen zu wissen gegeben: Sollte mir das hier nicht glücken, sollte dieses hier ein zweites Herford werden, so könnte ich nur sagen, wie ich das auch schon gesagt habe: Arme Deutsche! Was das heißt, brauche ich nicht weiter zu erklären, aber ich kann beim besten Willen das nicht weiter so ansehen, wie viele Tausende und Abertausende Menschen krank sind, Glauben Sie mir, meine Lieben, obwohl ich mich der Öffentlichkeit so wenig in den letzten Tagen gezeigt habe, habe ich aber sogar gewirkt, indem ich von einem Haus zum anderen noch nebenbei gegangen bin, überall wo ich stand, waren kranke Menschen. Niemand war bisher in der Lage, den Kranken zu sagen, was die eigentliche Ursache ist. Aber das ist noch nicht ausschlaggebend, nein, das Ausschlaggebende ist die gleiche, die sofortige Hilfe den Menschen an Ort und Stelle zu geben. Deshalb lege ich den größten Wert darauf, Menschen, die zu mir kommen, in einem geordneten Zustand zu wissen, so dass ich mich mit dem einen oder andern mehr abgeben kann denn je. Es ist nicht schön und nicht richtig, wenn ich, wie es bisher war, so verzettelt werde, das heißt, überall wo ich war, befanden sich

178

Menschen, Hilfe rufend, scharten sich um mich, gleich wo ich war. Aber wenn der eine oder andere oder der größte Teil unter ihnen die Gesundung erhalten hatte, so hat er von sich aus nichts hören lassen. Daher ist mir das Ganze erschwert worden, indem man hier und dort ankommt und sagt: „Beweisen Sie doch." Ich gebe diesen Menschen zu wissen, dass meine besten Zeugnisse und meine besten Erklärungen die Menschen selbst sind, denen ich geholfen habe.

(*Beifall*)

Ich lege weniger Wert darauf, aber es ist nun mal beim Menschen so eingebürgert, dass er alles schwarz auf weiß festhält. Ich selbst muss mich heute immer sichern und habe mich auch immer zu sichern gewusst, weil ich wusste, ich war unter Menschen, denen gegenüber es besser war, dass alle meine Worte und Taten immer von Zeugen belegt werden konnten. Und deswegen brauche ich mir derartige Schmutzigkeiten, die man mir anzuhängen versucht, nicht gefallen zu lassen.

(*Beifall; Zwischenrufe: „Sehr richtig!"*)

(*Zuruf: „Man sagt hier, nur die Bayern stehen zu Ihnen, aber die Bevölkerung im Norden steht auch auf Ihrer Seite!"*)

Das ist mir auch bekannt, dass das deutsche Volk im Norden an meiner Seite steht. Es sind nur einzelne wenige Menschen, die glauben, dass ich ihnen das Butterbrot nehme. Ich habe überhaupt keinen Gedanken geführt, den Menschen das Butterbrot zu nehmen, nein, ich wollte ihnen noch etwas drauf geben. Mehr kann ich nicht sagen. Ich weiß, dass das Volk hinter mir steht, schon in der ganzen Welt. Ich habe Einladungen bekommen nach allen Himmelsrichtungen, nach allen Ländern, selbst nach Indien soll ich kommen. Auch da werde ich nicht scheuen hinzugehen, auch da werde ich Menschen zu helfen wissen. Aber vorerst lege ich großen Wert darauf, bei meinen Deutschen zu bleiben.

(*Beifall*)

(*Frage: „Ich bin mit meinem Jungen aus Lübeck gekommen. Kann ich mein Vertrauen dem Jungen übertragen, weil er das doch nicht hören kann?"*)

Ja, das geht von den Angehörigen aus, auch so, dass ein Mensch den anderen durch Gedanken beeinflussen kann. Wenn Sie immer wieder an diesen Kranken denken, ihn bemitleiden, das geht bei ihm dann so in Fleisch und Blut über, dass er nur bemitleidet sein will. Auch viele erwachsene Menschen, die jahrelang ein Leiden gehabt haben, sehnen sich danach zurück, weil sie das eine vermissen, das Bemitleidet werden.

Ich lasse mich von keinem Menschen beeinflussen, gehe meinen geraden Weg, brauche mich auch nicht zu scheuen und halte fest daran, das heißt an dem Glauben an unseren Herrgott. Mit Ihm leben, das ist ein ganzes Leben, ohne Ihn, das ist kein Leben.

Es ist nicht notwendig, dass man mir ein Bild von einem kranken Menschen gibt. Notwendig ist, dass der Hilferuf ausgestoßen wird, dass der Mensch weiß, wonach er kommt, wonach er sich sehnt.

(*Zuruf: „Eine ganz arme Frau, zwei Beine gelähmt, schickt mich, sie ist schon seit einem halben Jahr auf der Suche nach Ihnen, Briefe sind schon nach allen Himmelsrichtungen gegangen."*)

Deswegen, weil der Hilferuf unter den Deutschen so groß ist habe ich es dem deutschen Volk versprochen dass ich es ihm bequemer machen will. Ich habe von Herford aus gesagt, dass es meine

Absicht ist – und leider bin ich bis heute noch nicht ganz dazugekommen – es so einzurichten, dass der Mensch nicht hin- und herfahren braucht, dass er nicht seinen letzten Pfennig auszugeben braucht. Im Gegenteil, er wartet zu Hause, bis dort ebenfalls eine Heilstätte errichtet ist. Bei der gelähmten Frau, die schon jahrelang leidet, kommt es nicht auf ein paar Tage oder zwei, drei Wochen jetzt an. Bitte abzuwarten, bis hier und dort eine solche Heilstätte errichtet ist, wo ich dann die Menschen am laufenden Band aufnehmen kann und ihm das geben, dass er die Gesundheit erhält.

(*Zuruf einer Frau: „Mein Junge in New York ist seit 1 1/2 Jahren bettlägerig an Nierenentzündung. Können Sie den heilen?"*)

Schauen Sie bitte auf die Uhr, und teilen Sie Ihrem Sohn mit oder stellen Sie die Frage, was in dieser Minute in seinem Körper geschehen ist.

Es ist nicht das erste Mal, dass ich die Heilwelle ins Ausland geschickt habe, nein, das tue ich schon jahrelang, so wie mir derartige Fälle aufgetragen werden. Und ich habe immer wieder die Bestätigung bekommen, dass das geschehen ist, worauf ich eingestellt bin.

(*Zuruf: „Ich war mit blindem Jungen hier vor drei Wochen es ist eine Besserung eingetreten, er kann Tag und Nacht unter- scheiden."*)

Bruno Gröning: Auch hier gebe ich Ihnen gleich allen zu wissen, dass ein Bedrängen Ihrerseits nicht sein soll. Warten Sie ab – ich habe Ihnen doch damals gesagt, was gewesen ist. Ich würde zu viel Zeit brauchen, wenn Menschen zwei-, drei-, fünfmal kommen, was nicht sein braucht. Deswegen lassen Sie eine Zeit immer verstreichen, und wenn Sie glauben, dass es nichts geholfen hat oder dass es Ihnen zu langsam geht, habe ich nichts dagegen. Ich kann das sehr gut verstehen, und ich werde es einem Menschen nie übel nehmen, wenn er sich für seinen nächsten Kranken einsetzt. Ich würde Ihnen raten, zu Hause den Versuch zu machen mit einer Glühbirne. Da können Sie genau feststellen von Zeit zu Zeit, wie viel er mehr sehen kann. Dann dauert es auch gar nicht lange.

Quelle:

Archiv des Instituts für Grenzgebiete der Psychologie und Psychohygiene e. V. Freiburg i. Br.: 20/16/002.

„Ich kann mich voll und ganz in Ihre Lage versetzen."

Rede von Bruno Gröning, Traberhof bei Rosenheim, 15.10.1949, abends

Hinweis

Dies ist eine Abschrift der stenografisch protokollierten Rede von Bruno Gröning, die er am Abend des 15. Oktober 1949 auf dem Traberhof bei Rosenheim gehalten hat.

Meine lieben Kranken!

Ich kann mich voll und ganz in Ihre Lage versetzen. Ich bin ja mit Leib und Seele dabei, Ihnen die Hilfe und die Heilung zu geben. Aber es wird Ihnen doch bereits bekannt sein, dass man nichts unversucht lässt, dass ich nicht in der Lage bin oder sein soll, Ihnen die Hilfe zu geben. Sie haben so manch ein schönes Blättchen gelesen, in dem man Ihnen allerlei auftischen will, damit Sie nicht gesund werden sollen. Meine Schuld ist es nicht! Ich stehe Tag und Nacht nur für Sie da. Es ist überall immer dasselbe, überall sind Hilfe suchende Menschen, überall lässt man mir keine Ruhe. Ich nehme es keinem übel, aber diese kurze Zeit müssen Sie mir noch lassen, bis es soweit wird, dass ich Ihnen in geordneten Verhältnissen die Hilfe und die Heilung geben kann. Ich habe Ihnen zu wissen gegeben, dass ich Gefahr gelaufen hätte, wenn ich mich bis zum heutigen Tag nicht so zu sichern gewusst hätte. Und dieses möchte ich nicht noch einmal machen.

Ich nehme es Ihnen nicht übel. Aber Sie können es mir auf der anderen Seite auch nicht verübeln, wenn ich Sie jetzt warten lassen muss. Ich habe Ihnen zu wissen geben lassen, dass ich am Montag diesen Menschen helfen werde, die von weither kommen und die vielleicht heute schon ihren letzten Pfennig verbraucht haben. Ich kann aber nicht früher, beim besten Willen nicht. Ich muss weiterfahren, ich habe keine Nachtruhe, schadet auch nicht. Aber ich muss jede Minute hierfür ausnutzen, um dazu zu kommen, dass ich Ihnen diese Hilfe hier geordnet geben kann.

Es tut mir bestimmt bitter leid, aber gerade, weil es mir leid tut, gehe ich noch mehr daran. Ich schere mich im Augenblick noch nicht darum, dass man Schmutzigkeiten ins Leben gerufen hat, die nicht den Tatsachen entsprechen. Aber das soll mich nicht stören. Ich sehe, wie jetzt die Not und das Elend aller Menschen ist. Die Krankheit ist überall zu Hause, und da will und werde ich helfen.

Nehmen Sie bitte einen Gegenstand, den Sie bei sich haben, gleich was, in die rechte Hand. Wer sonst weiter nichts hat, nimmt einen Stock oder die Damen eine Tasche, irgendetwas.

Nehmen Sie den Arm ruhig herunter, und so will ich Ihnen zumindest vorerst die Schmerzen nehmen, wenn nicht gar gleich eine Heilung eintritt. Ich wünsche Ihnen das von ganzem Herzen. Beobachten Sie bitte Ihren Körper, was da vor geht, und Sie werden mehr oder weniger bestimmt feststellen, dass der Schmerz verschwunden ist. Wenn Sie glauben, dass Sie den Schmerz noch in oder an Ihrem Körper haben, so werden Sie feststellen, dass es nicht mehr derselbe, sondern schon der Regelungsschmerz ist.

Wenn ich nur allein mit der Heilung zu tun hätte, dann wäre es alles nicht so schlimm. Wenn ich nur die Arbeit hätte mit den Heilstätten ausmachen, wäre auch nicht so schlimm. Das Schlimmste ist das, das schmutzige Münder am Werk sind, Ihnen die Hilfe zu entziehen, indem man sogar nichts unversucht gelassen hat, mich zu vernichten. Aber ich gebe jedem schon zu wissen, dass er dazu nicht in der Lage sein wird.

184

(Zwischenrufe: „Herr Gröning, lassen Sie schreiben und reden, Sie haben unser Vertrauen, und Sie werden es immer behalten. Gott schütze Sie!“)

Kath. Geistlicher:

„Herr Gröning, ich bin katholischer Geistlicher, und ich bin auch hierhergekommen, weil ich Vertrauen zu Ihnen habe. Und ich war erschüttert wie die Leute, die mit dem gleichen Vertrauen zu Ihnen kamen, zu erfahren, heute wird nicht geheilt, es kann nicht geheilt werden. Und nun ist mir ein Gedanke gekommen, und ich glaube, im Namen aller sprechen zu dürfen, Ihre Arbeit zur Gründung der Heilstätten zu unterstützen, indem alle Interessanten sich bereit erklären, einen bestimmten Monats- oder Wochen- oder Viertel-, Jahresbeitrag zu leisten. Auf einen Aufruf würden Millionen zusammenkommen, mehr als für irgendeine andere Sache.“

Ich danke Ihnen, Herr Pfarrer, dass Sie genau in meinem Sinne gesprochen haben. Ich danke Ihnen für die guten Worte und das große Vertrauen, das Sie mir auch im Namen aller Kranken hier ausgesprochen haben. Alle die schmutzigen Menschen haben nichts unversucht gelassen, mich in meiner Arbeit, mich in der Hilfe, die ich Ihnen vermitteln soll, zu stören. Vier Vergiftungen sind da, das heißt noch nicht tot; soweit ist es noch nicht gekommen. Nur ich merke noch nichts davon, obwohl ich das meiste genommen habe. Aber machen Sie sich deswegen keine Sorgen, ich trinke es literweise. Aber ich habe mich, gleich als ich nach München kam, bei all diesen schmutzigen Menschen nicht getäuscht. Aber auch das wird geklärt, und diese Menschen werde ich herauszustellen wissen.

(Pause)

Ich weiß genau zu sagen, dass, so wie Sie hier vor mir stehen, Ihnen die Hilfe zuteil geworden ist. Diese wenigen Tage, die ich wieder unterwegs war, haben mir ungezählte Menschen bestätigt, dass sie hier in der Masse eine Heilung empfangen haben. Ich weiß auch, dass Sie mir das Vertrauen entgegenbringen, dass Sie gesund werden. Es liegt bloß immer an der Größe des Leidens, das der eine oder andere in oder an seinem Körper hat. Es dauert alles seine Zeit. Es geht aber oft bei mir schneller, als manchmal ein Mensch überhaupt nur denken kann. Ich bin heute schon so weit – und es könnte ja noch besser gehen, dass ich einer blinden Frau in drei Minuten das volle Augenlicht wiedergegeben habe. Und deswegen bin ich dazu übergegangen, schon seit ich den Boden Herfords betreten habe, die Einrichtung der Heilstätten zu betreiben. Da kann ich von dem einen Menschen zum anderen gehen, das geht blitzschnell, und dann ist das geschehen. So wie hier, wenn ich Derartiges weiter so tun würde und der eine oder andere nichts verspürt, weil er abgelenkt wird, so würde er im Augenblick vielleicht sagen, es hat doch nichts geholfen. Es wird aber jedem Menschen einleuchten, dass der Pilz, der aus der Erde wächst, nicht bis Sie bis drei gezählt haben, schon so groß ist, wie er sein soll. Auch das dauert seine Zeit.

Ich gebe Ihnen zu wissen, dass Sie zu mir das Vertrauen und an unseren Herrgott den Glauben haben und ihn stärken müssen, und diesen göttlichen Glauben Ihr ganzes Leben in sich tragen. Nicht nur, wie es bisher Menschen gegeben hat, die glaubten, wenn sie täglich oder die Woche einmal das Gotteshaus betreten, dass sie schon die Menschen waren, die sich zu diesen zählen können. Nein, meine lieben Kranken, so ist es nicht, man soll nicht einmal beten und hinterher gleich ein anderer, ein schlechter Mensch sein. Nein, mit den Glauben leben, dann können Sie kein schlechter

Mensch sein, dann sind Sie es wert, als Mensch angesprochen zu werden.

Aber ich will Sie nicht lange aufhalten mit großen Reden; ich weiß, Sie wissen, wer ich bin, wozu ich mich verpflichtet fühle und dass ich auch diesem nachgehen und dies tun werde, wozu ich mich verpflichtet fühle.

Meine lieben Kranken, ich hoffe, dass Sie mich verstanden haben, und ich nehme mich auch selbst beim Wort. Ich habe Ihnen versprochen, für Menschen, die von weither gekommen sind, aus der russischen Zone oder gar hier aus dem Nachbarland oder von Westfalen oder Schleswig-Holstein, Montagvormittag hier eine Heilung zu vollziehen unter Hinzuziehung eines Arztes, damit die schmutzigen Mäuler mir auch hier nichts nachsagen können. Ich selbst gehe jedem Falle nach und habe meine Leute auch beauftragt, dasselbe zu tun und habe schon einzelnen guten Journalisten zu wissen gegeben, dass sie selbst dem einen oder anderen Fall nachgehen, wie die Heilung da vor sich gegangen ist.

Sie sollen nicht unwissend bleiben, Sie sollen auch nicht überzeugt werden, Sie sollen geheilt werden. Ich bin nicht dazu da, Menschen zu überzeugen, ich fühle mich verpflichtet, Menschen zu helfen und zu heilen.

Nun bitte ich Sie, sich hier nicht noch die Nacht oder vielleicht den Tag über aufzuhalten, sondern friedlich nach Hause zu gehen. Ich würde bestimmt lieber morgen hier sein als Montag, aber ich habe anderweitig wichtige Verabredungen, die ja nicht für mich von Nutzen sind, sondern für Sie von großem Nutzen sein werden. Und da kann ich nicht ausbleiben, ich muss diesem nachgehen.

Ich will niemanden sagen, dass er womöglich hier noch die Nacht verbleibt. Soweit es Ihnen möglich ist, bitte ich, nach Hause zu gehen oder eine Unterkunft aufzusuchen. Ich selbst habe ja auch kein Obdach, ich habe ja auch kein Bett; ich habe mein Bett weggegeben, und wenn ich anderweitig bin, kann ich ja auch kein Bett benutzen, weil ich ja gar nicht zum Schlafen komme. Ich habe mich nach 8 Uhr hingelegt und eine knappe Stunde gelegen, bin aber noch nicht zum Schlafen gekommen.

Ich will Ihnen hier nicht mehr von mir erzählen, ich will Ihnen nur sagen, dass Sie nicht die Nacht hier draußen bleiben, dass Sie vielleicht noch eine Erkältung zu dem bekommen, was Sie schon an Krankheit haben.

Haben Sie noch Geduld bis Montag, das ist ein Ausnahmefall, weil ich nicht darüber weg kann und Sie warten lassen kann; das will ich nicht.

Quelle:

Archiv „Bruno Gröning Stiftung

188

„Erwarten Sie von mir nicht viele Worte ...“

Vortrag von Bruno Gröning, Rosenheim, 17. Oktober 1949

Hinweis

Dies ist eine Abschrift des stenografisch protokollierten Vortrags von Bruno Gröning, den er am 17. Oktober 1949 im Plesskeller an der Innbrücke in Rosenheim gehalten hat.

Landrat Knott: Ich bitte auch die Presse, darüber zu berichten, ebenso Vertreter des Rundfunks, soweit welche da sind, das wird heute die letzte Heilung dieser Art sein. Es wird in Zukunft in ähnlicher Form keine Heilbehandlung mehr stattfinden, erst, wenn Heilstätten errichtet sind, nicht vorher. Herr Gröning hat sich noch einmal bewegen lassen, heute hier Heilbehandlungen vorzunehmen, aber es ist absolut die letzte, die vorgenommen wurde. Es wird in Zukunft keine mehr sein. Erst wenn Heilstätten errichtet sein werden, wird Herr Gröning wieder weiter behandeln. Es ist gut, wenn Presse und Rundfunk das berichten, dass in Zukunft nicht mehr die Leute herfahren. Viele Leute haben sowieso sehr wenig Geld, kommen hierher und können dann nicht mehr zurückfahren, wie das schon der Fall war, solche Dinge sollen vermieden werden nach Möglichkeit.

Herr Gröning war damals sofort bereit, als ich ihn gebeten hatte, die Heilungen im Freien einzustellen. Es hat gar keinen Sinn, er verzettelt sich. Sie müssen alle so viel Einsehen haben, dass er auch dafür Zeit braucht, bis er die Heilstätten errichtet. Die wird ihm dadurch genommen, wenn er zwischendurch immer wieder derartige Heilungen vornimmt. Deshalb ist die heutige die letzte dieser Art, bis die Heilstätten eingerichtet sind. Das ist ausdrücklich die Stellungnahme des Landratsamtes Rosenheim. Herr

Gröning hat mir verbindlich die Erklärung abgegeben, dass keine Heilungen mehr vorgenommen werden, bis Heilstätten eingerichtet sind.

Bruno Gröning: Meine lieben anwesenden Kranken!

Erwarten Sie von mir nicht viele Worte. Ich will jetzt weniger Worte, aber dafür meine Taten sprechen lassen und um dieses bewältigen zu können, muss es nun so kommen, wie ich das von Anfang an in Aussicht gestellt habe; nämlich Heilstätten zu errichten. Heilstätten deshalb, um nicht wie bisher, gleich wo ich auftauche, von Menschen bestürmt zu werden. Soweit ich die Erfahrung hier gesammelt habe, haben viele, viele Menschen, die in Massen vor mir standen, immer das erhalten, was sie sich schon seit Jahren und Jahrzehnten erhofft haben und das war die Gesundheit. Aber trotz alledem will ich Ihnen die Sicherheit geben, dass der eine und der andere, der tatsächlich geheilt ist, nie mehr von schmutzigen Mäulern wieder zurückgerissen werden kann. Meine Absicht liegt darin, Menschen mit organischen Leiden eine vorärztliche und dann eine nachärztliche Untersuchung zu geben, ob und inwieweit der eine und der andere geheilt ist oder sich auf dem besten Wege der Heilung befindet. Wie üblich war es immer so, wenn Menschen sich irgendwo ansammelten und ich zu ihnen gesprochen habe, so glaubten sie, sie müssten mir ihre Sorgen, ihr Leiden einzeln aufzählen. So hat jeder Mensch diesen Gedanken gefasst: „Was mir zuteil wird, möchte ich auch für meine Angehörigen erbitten."

Aber Derartiges ist alles nicht notwendig. Ich will Ihnen das Leben viel, viel leichter einrichten, das heißt, ich will Ihnen das so leicht machen, dass Sie mir überhaupt nichts sagen, dass Sie überhaupt nicht mehr zu mir kommen brauchen, sondern schon zu Hause ebenfalls gesunden können.

Der beste Beweis dafür ist der, dass, wie den vielen Menschen, die sich um mich zu scharen gewusst haben, bekannt, die Fernheilungen schon ein großes Ausmaß angenommen haben und ebenfalls die Bestätigungen immer so eingetroffen sind, wie ich das in kurzen Worten den Bittenden gesagt habe.

Auch muss ich Ihnen zu wissen geben, dass Sie, wenn Sie mich um Hilfe für einen Kranken bitten, mir nicht den Namen, nicht die Wohnung, auch nicht die Krankheit zu sagen brauchen.

Ich weiß, dass mich die Eingebung so weit bringt, dass ich zu allem in der Lage bin, Menschen zu helfen und Menschen zu heilen.

Ich will Ihnen auch heute zum ersten Mal öffentlich mitteilen, was noch weiter in meinem Programm liegt. Denn wenn ich sage „Menschen helfen und heilen", das haben wenige Menschen für bare Münze genommen. Helfen insofern, dass ich dem einen oder anderen helfen will auf allen Wegen, helfen den Menschen, die wegen eines jahrelangen Leidens schon vieles daran gesetzt haben, ihr Hab und Gut dafür hergegeben haben. Man braucht mir nur das Vertrauen entgegenzubringen, nicht nur in die Augen, sondern überhaupt, gleich wo der Mensch sich befindet. Aber das Schwerste hierbei ist, dass der Mensch dem göttlichen Glauben, den er in sich führt, auch genau nachgibt und dementsprechend lebt.

Es soll nicht nur so sein, wie Menschen sich das bisher vorgestellt haben, dass sie einmal in der Woche, und das ist der Sonntag, ins Gotteshaus gehen und dort beten, und damit wäre das wieder für

191

die Woche abgetan, und er kann sich bewegen, wie er gerade Lust und Liebe dazu hat. Das ist falsch. Wenn ich sage, ich glaube an den Herrgott, so muss ich auch dementsprechend der Mensch sein, muss Vorbild sein und muss mich dementsprechend als Mensch auch bewegen und muss auch zeigen, dass ich ein guter Mensch bin. Ich sage nach wie vor: „Liebe deinen Nächsten mehr als dich selbst!"

Nun will ich von dem nicht abkommen, indem ich sage „helfen". Helfen insofern, indem ich weiß, dass es viele Menschen gibt, die ihr Hab und Gut wegen ihrer Krankheit verausgabt haben.

Meine Absicht liegt darin, die jetzt im letzten Krieg zerstörten Kirchen wieder aufzubauen und, wo dringend notwendig, auch in den einzelnen Gemeinden neue Kirchen entstehen zu lassen. Auf der anderen Seite Menschen, die ihr Hab und Gut durch ihre Krankheit verloren haben, wieder zu unterstützen, Menschen, die ihr Hab und Gut durch diesen Krieg verloren haben, wieder ein neues Heim zu geben.

Und deshalb wird es in Zukunft so aussehen, dass nicht ich persönlich, sondern mein Werk – und das ist der Ring, von dem Sie in nächster Zeit zu hören bekommen werden – Sammlungen am laufenden Band durchführen wird, das heißt, dass Menschen, die es haben, hierfür Spenden geben, damit wir die armen Menschen, die Armen bisher Kranken, auch unterstützen und ihnen helfen können und so bleibt auch nicht aus, was auch dringend notwendig ist, dass Sachspenden angenommen werden, nicht heute, auch nicht morgen. Von diesem allem werden Sie noch mehr zu hören und zu lesen bekommen.

Wie hier, wie ich Samstag erfuhr, dass viele Menschen am Traberhof waren, die von auswärts gekommen und ihr letztes Geld aufgebraucht hatten und jetzt nicht einmal in der Lage waren, die Heimfahrt anzutreten und ich danke dem Herrn Pfarrer, der diesen guten Gedanken erfasst, die Sammlung zu unternehmen, um die Einzelnen in dieser Notlage zu unterstützen. Ich danke dem Herrn Pfarrer im Namen aller Kranken.

Ich sagte zuvor, dass Sie ein guter Mensch sein sollen. Alle wie Sie hier sind, haben Sie so manch ein Druckblättchen (1) in die Hand bekommen. Einzelne von Ihnen haben es nicht gelesen, aber der größte Teil doch. Das sind Menschen, die dies geschrieben haben, weil sie mit mir keine Geschäfte mehr machen konnten, da ich ihnen den Kampf angesagt und sie sich aus Wut deswegen dagegenstellen. Und sie haben ganz schön dabei verdient. Von mir aus können sie noch schreiben, was sie wollen. Ich weiß aber in aller Kürze richtig zu antworten. Man soll mich richtig verstehen:

(1) Bruno Gröning bezieht sich hier auf das Flugblatt „Gröning entlarvt", herausgegeben von Michael Graf Soltikow.

Viele von Ihnen werden gesagt haben: „Warum setzt der Mann sich nicht zur Wehr?" Nein, ich muss die Mäuse erst kommen lassen. Ich kann sie doch nicht greifen, wenn sie nicht da sind. Ich weiß doch nicht, wo sie sind und welches die Mäuse sind. Sie sollen erst kommen, sie sollen erst etwas sagen. Sonst kann ich ja nichts beweisen. Sie haben sich entlarvt und das ist schön. Wer das eine oder andere geschrieben hat und ich werde diese Schmutzfinken herauszustellen wissen.

Nun will ich mich bei meinem Wort nehmen. Wenig Worte, große Taten. Ich könnte Ihnen ja von hier aus Hunderte, Tausende Fälle aufzählen, was in den letzten Tagen passiert ist. Aber ich glaube, dass das gar nicht mehr notwendig ist, denn Sie hören ja überall, dass viel Gutes schon passiert ist. Wenn Sie Vertrauen haben, dann werden Sie sich damit begnügen, dass ich nicht zu den einzelnen leicht Kranken gehe. Geben Sie bitte Obacht, was jetzt weiter kommt. Viele von Ihnen haben bereits ihre Schmerzen, bereits ihr Leiden verloren. Bitte nicht viel zu befragen, sondern richtig durchgehen lassen. Es genügt so. Schwere Leiden bitte genauestens darauf zu achten, dass sie es wagen können, sich einer Nachuntersuchung von ärztlicher Seite zu unterziehen. Wünschenswert wäre eine Voruntersuchung gewesen. Ich bitte, aber mindestens drei Tage verstreichen zu lassen. Sie werden ja selbst verspüren, dass Sie ein anderer Mensch geworden sind, ein neuer Mensch.

Das ist bei jedem, der in diesem Raume ist – ich schicke voraus, der es verdient, dass ihm geholfen wird. Verdient hat es der Mensch – der an den Herrgott glaubt und mit ihm in seinem Herzen lebt. Was gibt uns die Veranlassung überhaupt untereinander bösartig zu sein? Ich sage: Liebet Eure Feinde! Auch ich liebe meine Feinde. Nur eines muss ich ja tun, dass ich sie herausstellen muss, damit jeder weiß, wer sie sind. Ich bin sehr stolz darauf, dass ich bis zum heutigen Tage immer noch meinen Todfeinden das Beste wünsche und das auch in Zukunft so bleiben wird.

Es braucht keiner zu fürchten, dass ich ihm Angst einjagen will. Nein, er soll nur das tun, was er nicht lassen kann.

Es ist Ihnen nicht unbekannt, wie es unter den Menschen heißt: Hütet euch vor denen, die der Herrgott gezeichnet hat. Menschen haben das so auszulegen versucht, indem sie sagten: „Die Kranken, die Krüppel sind die Gezeichneten. Hütet euch vor denen." Ich sage: Nein! Die Gezeichneten sind die, die sich jetzt selbst herausstellen und die ich nach und nach heraus zu stellen weiß. Das

194

sind die schlechten Menschen, das sind die Gezeichneten, denn die sondern sich von den guten Menschen ab. Es gibt einzelne, gibt auch vielleicht viele, die selbst auf dem besten Wege waren, schlecht zu werden. Jetzt weiß ich aber, dass sie bereit sind, den guten Weg einzuschlagen und diesen auch beizubehalten und ihm nachzugehen.

Kurz gesagt, diese „schlechten" Menschen auszumerzen wäre auch falsch. Denn wenn Sie wissen wollen und das auch verspüren wollen, dass es tatsächlich einen Herrgott gibt, so ist dieses ja nur möglich, wenn es hier und dort einzelne wenige Schlechte gibt und geben muss, damit Sie auch den Unterschied verspüren. Sie müssen da sein und sie sind auch da und sie bleiben auch da. Aber das sind einzelne und die Guten werden sich von ihnen fernhalten. Das sind die Schlechten, das sind die Gezeichneten.

Wenn der eine oder andere das nicht gleich verspürt, so dann später. Ich bitte genau zu überprüfen, wieweit der eine oder andere gesund geworden ist. Ich bitte mir dann den Bericht zukommen zu lassen, Bericht mit ärztlichem Attest. Bei schweren Fällen bitte ich noch zu warten. Jeder bekommt das Gefühl, wie weit er hergestellt ist. Den Bericht bitte ich nicht an mich, sondern an „Zeitungsblitz Rosenheim" einzusenden.

(Patient bedankt sich für Heilung)

Der Dank gehört nicht mir, der Dank gehört unserem Herrgott. Danken Sie bitte nicht einmal, danken Sie immer Ihr ganzes Leben. Beweisen Sie es, dass Sie tatsächlich ein gut gottgläubiger Mensch sind. Gehen Sie in das Gotteshaus, beten Sie dort andächtig. Nicht wie bisher, dass einzelne, vielleicht auch viele, nur dorthin ge-gangen sind, um zu sehen, was der eine oder andere Mensch für Kleidung hat und über ihn zu reden und vieles andere Schmutzige, was ich selbst mit eigenen Augen und Ohren gehört und gesehen habe. Nicht nur jetzt, nein, überall wo es mir nur irgend möglich war, in die Kirche zu gehen, gleich welche es war, habe ich dort Derartiges erlebt, was Ihnen persönlich auch nicht fremd ist. Das soll man nicht tun, wenn man zur Kirche geht, dann soll man fromm und andächtig beten und dem Herrgott für all das danken, was er Gutes an den Menschen getan hat. Ich weiß, dass viele den Glauben an Gott verloren haben, und zwar deshalb, indem der eine und der andere sagt: „Ja, wenn es einen Herrgott gäbe, dann würden wir besser leben, würde der Krieg nicht sein, würde er es nicht zulassen, dass Kirchen, dass Wohnungen zerstört werden, dass wir aus der Heimat vertrieben werden."

Ich will nicht sagen – und das Recht hat auch kein Mensch zu sagen, dass der Herrgott den einen oder anderen Menschen straft oder zu strafen weiß. Ich sage dieses nach wie vor: Der Herrgott hat es nicht nötig, Menschen zu strafen; dafür gibt es ja den Satan, den Teufel. Er lässt diesen Menschen, der es nicht wert ist, unter dem göttlichen Schutz zu bleiben, fallen. Der Teufel wartet auf diesen. Was der anstellt ist seine Sache, dafür ist der Teufel. Der Herrgott versucht nur in jeden Menschen das Gute hineinzubringen und dieses in ihm zu festigen, soweit er den Glauben aufgenommen und gefestigt hat.

Wenn der eine oder der andere vorher nicht so große oder überhaupt keine Schmerzen gehabt hat, darf er nicht schimpfen; im Gegenteil, er wird es selbst verspüren, dass der Schmerz ein anderer ist, mit Wärme durchzogen, das heißt durchblutet. Das ist der Regelungsschmerz. Wenn dieser vorüber ist, dann geht die Gesundung an.

Lassen Sie sich bitte von schlechten Menschen nicht irreführen, wie es immer wieder hier und dort einzelne wenige gibt, die sich dagegenstellen.

Ich werde mich nicht von dem abbringen lassen, was ich schaffen muss, schaffen will und auch schaffen werde.

Bei vielen oder einzelnen ist der Gefühlsnerv soweit herunter, dass sie es nicht verspüren. Aber dass die Heilung vor sich geht, ist mir klar. Viele kommen, haben überhaupt nichts verspürt, kommen nach Hause und alles ist verschwunden.

Ich bin auch kein Wunderdoktor, wie man gesagt hat, ich bin ein Mensch, der jetzt auf dem besten Wege steht, Menschen zu helfen und zu heilen.

Nun noch etwas ganz Neues: Menschen haben nichts unversucht gelassen, mit meinem Namen und meiner Person Geschäfte zu machen. Es befinden sich auch Menschen auf dem besten Wege, mich einzufangen und irgendwohin zu schleppen, auch mich zu vergiften, Aber da haben sie kein Glück dabei. Die Angebote für diese Helfershelfer sind nicht zu niedrig, von 20.000 Mark aufwärts. Wer Geschäfte machen will, den bitte ich, sich diesen schlechten Menschen anzuschließen, kann schönes Geld verdienen. Ich gebe Ihnen aber zu wissen, dass Sie dabei zu Fall kommen. Es ist auch klar, wenn einem Menschen 20.000 Mark und noch mehr angeboten werden, um es möglich zu machen, mich einzufangen, so ist die Garantie schon gegeben, dass man diesen Menschen nicht am Leben lassen kann. Denn wenn er die 20.000 Mark in der Tasche hat, könnte er eine Meldung machen. Also sind die Auftraggeber gezwungen, diesen, dem sie das Angebot gemacht haben, zu beseitigen. Da kommt es ja nicht auf so einen Menschen an. Also, wer Interesse hat, der kann sich dem ruhig anschließen. Das

Glück wird er nicht haben, mich einzufangen. Gestern wurde mir mitgeteilt, dass eine Frau sagte: „Den Gröning wollen sie verschleppen, aber ehe er geht, muss er uns noch heilen."

Sagen Sie es jedem Menschen, dass er einen Geheilten nicht belästigen soll, ihm nicht die Wohnung stürmen mit neugierigen Fragen. Wieweit und wozu ich imstande bin, Menschen zu helfen und zu heilen, wird sich in den Heilstätten herausstellen. Mir selbst ist es nicht unklar. Ich bin heute erst 43 Jahre alt und habe es von meiner Kindheit an schon getan und tue es auch weiter.

Für Kranke zu Hause geschieht es auf dem Fernwege.

Was ein Kügelchen für eine Kraft ist! Vorgestern kam eine Dame mit schwerem Leiden, hat es verloren, indem sie sich von einer bekannten Frau ein Kügelchen geborgt hatte. Sie hatte es wenige Minuten in der Hand gehabt und war von ihrem Leiden befreit. Blinde bitte ich genau Obacht zu geben, was da vor sich geht. Ich habe die Absicht, sowie die Heilstätten da sind, die Blinden einzeln zu nehmen, das heißt nur Blinde zu nehmen. Gestern Nacht bekam ich Bestätigung von einem Blinden, hatte 27 Jahre das Augenlicht verloren und sieht heute in einem Abstand von 1⁄2 Meter.

Wer es verdient, dass ihm geholfen wird, dem wird auch geholfen.

Viele von Ihnen waren in gewissen Augenblicken etwas neugierig, um etwas zu sehen. Das ist falsch. Jeder soll auf seine Glieder selber achten.

Bei den Blinden ist Obacht zu geben, was mit den Augen geschehen ist. Ich weiß nach wie vor, dass sie warm sind, ziehen haben. Die Blinden müssen weiter darauf achten, das heißt noch mehr alles beobachten. was da weiter geschieht. Wenn ich die

Heilstätten habe, werde ich die Blinden an einem Tage kommen lassen.

Sie können alle mit dem Trost nach Hause gehen, dass Sie das erhalten haben, soweit Sie es wert sind, geholfen zu werden. Aber ich bitte Sie nach wie vor, gehen Sie zu Ihrem Arzt oder in eine Klinik, wenn Sie ein organisches Leiden gehabt haben, und lassen Sie sich nach wenigen Tagen untersuchen. Und all dieses schicken Sie mir dann ein, das heißt über die Zeitung.

Und außerdem bitte ich Sie jetzt, nicht noch einmal zum Traberhof zu gehen. Einstweilen werde ich dort nicht sein, weil ich viel unterwegs sein muss, um so schnell wie möglich die Heilstätten einzurichten und herzurichten, dass ganz schwer Kranke einige Tage dort festgehalten und soweit gebracht werden, dass sie gehfähig sind, genauso wie die Blinden, dass sie sehen können.

Ich sage nach wie vor: Ich bin so geschaltet, dass ich Sie alle gesund wissen will, einen wie den andern.

Warten sollen Sie zu Hause, bis ich Sie rufen lasse durch Presse und Rundfunk.

Außerdem gebe ich Ihnen zu wissen, dass jetzt in Kürze der Film laufen wird, und zwar ist es ein Dokumentarfilm, woraus Sie ersehen werden, wie das alles vor sich geht. Und weitere Filme werden noch folgen, sodass ich nur noch wenige Worte zu sagen brauche und Sie aus dem Film soweit informiert werden, wie Sie sich überhaupt zu verhalten haben. Und niemals den Mut sinken lassen, wenn man Ihnen auch schon gesagt hat: „Da können wir nicht mehr helfen." Da macht es mir am meisten Spaß, wo die Hilfe schon versagt hat.

Jetzt will ich Ihnen mit auf den Weg geben, wie ich zuvor schon sagte, für die Kranken, für die Sie gekommen sind, mit dem Gedanken, für sie Hilfe zu holen. Auch ihnen ist zu helfen. Einen recht herzlichen Gruß von mir. Sie kommen nach Hause oder Sie kommen dort zu dem Kranken und Sie werden sehen, dass eine Besserung eingetreten ist: Sehen Sie auf die Uhr. (*Es ist 17:30 Uhr*)

In der Hoffnung, dass Sie mich alle gut verstanden haben und in der Hoffnung, dass Sie das erhalten haben, was Sie sich erwartet, werfen Sie bitte nichts ab, behalten Sie es. Ich habe Ihnen gesagt, Sie sollen heute einmal Egoist sein. Dann bitte ich Sie nochmals, sowie der eine oder andere unter Ihnen die Gesundheit erhalten hat, mir das schriftlich einreichen zu wollen. Vergessen Sie bitte nicht, eine genaue Untersuchung vornehmen zu lassen, sodass das ärztliche Attest mit beigefügt wird. Ihrer Bestätigung bitte ich auch gleichzeitig einzelne Zeugenunterschriften beizufügen, denen Ihre Krankheit bekannt war. Dieselbe ist einzureichen an die schon genannte Zeitung hier in Rosenheim.

Und nun bitte ich Sie, diesen Raum friedlich zu verlassen. Gehen Sie nach Hause und lassen Sie sich von den schlechten Mäulern nicht stören. Lassen Sie sich von ihnen nicht beeinflussen oder aber tun Sie das, wie ich schon gesagt habe, unterstützen Sie diese. Nehmen Sie das Alte, das Schlechte wieder zurück, lassen Sie sich mit Geld bestechen, damit Sie den Auftrag erhalten, Schlechtes zu tun.

Ich weiß, dass keiner unter Euch sein wird, der Derartiges tut. Aber ich scheue auch davor nicht zurück und werde all das Gute, das ich bisher den Menschen getan, noch weiter tun, solange ich lebe.

Damit möchte ich mich von Ihnen verabschieden, indem ich Ihnen von ganzem Herzen das Allerbeste wünsche.

Auch Mütter, die mit Kindern da sind, sollen Vertrauen haben. Es ist nicht das erste und das letzte Kind, das geheilt worden ist. Ich will alle gesund wissen.

Menschen sagen: „Ich muss gesund werden." Sie müssen sagen: „Ich werde gesund", denn verlangen kann er nichts.

Quelle:

FREIE ARBEITSGEMEINSCHAFT BRUNO GRÖNING (Hrsg.): *Das Tor zum Weg* (Stephanskirchen bei Rosenheim 1969) Nr. Pfingsten, S. 5–11

Weitere Bücher über Bruno Gröning:

- Der Weg ins Licht durch die Lehre Bruno Grönings
- Zitate für jeden Tag von Bruno Gröning
- Mein Wille und mein Weg von Bruno Gröning

Bei Rückmeldungen und Fragen:
jemis@gmx.at

„Liebet das Leben, Gott, Gott ist überall!"

„Die Natur, das ist Gott!"

„In der Ruhe liegt die Kraft!"

„Willst du das Göttliche erleben, so musst du danach streben!"

„Ehrlich sein, die Wahrheit sagen!"

„Christus ist die unsterbliche Seele im Menschen!"

„Gottes Kraft ist Macht!"

„Gott ist gerecht, seine Liebe ist echt!"

Bruno Gröning